JN323540

大学で
どう
学ぶのか

山田耕路

海鳥社

はじめに

近年、大学進学率が向上し、ほとんどの高校生が大学に入学する時代となっています。しかし、多くの大学新入生は勉学の目的を持っておらず、皆が行くから大学を受験するという学生も多いようです。このような学生は大学入学という目標を失うとやるべきことがなくなり、無為に大学生活を送ることになります。一方、大学はマスプロ化と競争の時代に入っており、大学教員は非常に多忙な時間を送っているので、このような学生の目標喪失に適切な対応をする余裕をなくしています。その結果、学生の休学、退学、引きこもり、自殺などの事例が増加しつつあります。

私は九州大学農学部食糧化学工学専攻の博士後期課程を一九七九年に修了し、博士号を取得した後、アメリカでの二年半の留学生活、九州大学医学部での三年間の助手生活の後、一九八五年四月に食糧化学工学科の助手に就任しました。その後、助教授を経て教授に昇任し、多くの学生の進路や人生の相談を受けてきました。また、二〇〇〇年四月から二〇〇四年三月にかけては農学部学務委員長として学生指導にあたってきました。本書は、これらの経験に基づいて大学の新入生、学部学生、大学院学生に勉学の目的、やり方、大学生活の送り方などに関する情報を与え、上記のトラブルに遭遇する危険を回避することを目的として執筆したものです。

本書に収録した原稿の一部はすでに公表しています。第一章の「大学で身につけたいこと」、第四章の「学会発表を成功させるために」、第五章の「論文のまとめ方」は、私が主宰する食糧化学研究室の学生（学部四年次学生から博士後期課程三年次まで在籍）のために作成して配布したものに基づいています。

私は一九九七年に産学官共同研究の支援を目的として「生物機能研究会」を設立しましたが、第四章と第五章の内容は企業や公的研究機関の若手研究員および大学院生の参考となるよう、生物機能研究会誌に掲載しています。また、第二章の「課外活動の重要性」と第三章の「食事と運動」は硬式野球部長として部員のために作成したものを一般学生向けに書き直したものです。最後に、第六章の「大学の教育システム」は学生相談員であるピア・アドバイザーの訓練のために作成した原稿に手を加えたものです。

これらの章は、学部学生、博士前期課程（修士課程）、博士後期課程の学生が円滑に学生生活を送り、個性を磨いていく助けとなるように記述しています。それと同時に、学生教育のあるべき姿についても記載していますので、大学教員にとっても参考になるものと考えています。また、大学生活について知ることは大学入学を目指す高校生にとっても重要ですし、中学生、高校生、大学生を持つ親の方々に読んでいただければトラブルの回避に役立つものと思います。

というのは、学生と親の間のトラブルの多くが大学生活や社会状況に関する知識のギャップに基づくからです。

本書の内容は、私の職場である九州大学農学部に関するものが中心となっていますが、他大学においても役立つ情報は多いものと考えています。多くの学生が本書を参考にして、充実した学生生活を送られることを願っています。

山田耕路

二〇〇五年五月十日

大学でどう学ぶのか◉目次

第一章　大学で身につけたいこと

１ 勉学の目的

高校までの教育は大学入学を主目的としており、大学入学後に勉学の目的を失う学生が多いのは残念です。高校までは好きな勉強に絞ることは大学志望校の幅を狭めることにつながるので、不得意な科目もそれなりの得点をとらねばならず、必ずしも勉学は楽しいものではなかったものと思います。大学では、自分の将来のために、自分のやりたい勉強を選択することができます。大学への入学が目的ではなく、これから本当の勉強が始まると考えるべきです。

高校までの勉強で、大学入試に必要な範囲内ではありますが、ある程度幅広く知識を獲得しているはずです。しかし、語学力については大学で実施可能なコマ数では入学時のレベルを保つのは困難であり、大学院入試に当たっては英語力を取り戻させる必要があるくらいです。記憶力と忍耐力については十分なトレーニングをすませているので、入学後は情報収集・処理能力、思考力、判断力、想像力などを育み、これらの能力を駆使して創造性を発揮できるところまで自己鍛錬を行うことが必要です。

二十世紀後半の高度成長時代は欧米先進国を追いかけた時代であり、常に従うべき規範が存在しており、その基本概念の範囲でより良い製品を効率良く生産することで日本は発展してきました。この時代は知識量が価値を認められた時代であり、記憶力中心の教育で十分な成果を上げることができました。当時も日本人は技術の模倣と改良には優れているが、創造力に欠けるという批判はありましたが、現実の経済的繁栄はそのような批判に耳をかす必要はない程の勢いであった訳です。しかしながら、欧米の科学技術に追いついた一九八〇年代から欧米企業は日本企業への特許使用権の付与を躊躇するようになり、供与すべき独創的技術がなければ相手企業の技術を利用することが不可能になってきました。この傾向をさらに押し進めたのが冷戦の終結であり、軍需産業における需要の減退が民需へのシフトを招き、これまで日本企業が圧倒的な強みを有していた民需産業に欧米大企業が本格的に参入し、経済的な摩擦も大きくなった訳です。これらの変化を反映しているのがいわゆる〝バブル〟の崩壊であり、これまでの日本的なやり方では世界経済の流れに追従できないことを示しました。

二十一世紀の日本社会で最も必要とされる能力は創造力だと思います。日本のように天然資源の乏しい国では、国民の知的能力を資源として活用することが重要となります。二十世紀後半は加工貿易、とくに大量生産技術を生かした高品質製品の生産によりその知的能力を発揮してきましたが、現在は製造工程の改善といった小手先の技術では中進国とのコスト競争に勝てなくなっています。現在行うべきことは、新しい概念および技術の創造であり、日本国内では新技術の開発、高度な技術を必要とする高級品の生産に特化する必要があります。このような時代に必要とされる人材は個性豊かな創造力あふれる人材であり、現在の初等および中等教育が創造性の向上を目的とした教育になっていない状況では各人の努力が必要です。

2 自分自身を知ろう

大学での勉学を充実したものにするためにはそれぞれの学生が自分のやりたいことを知ることが必要です。講義や読書を通じていろいろな知識を得ることができますが、それらの知識を身につけるためにはそれについて知りたいという欲求があってはじめて可能になります。

孫子は敵に勝つためには己を知ることが最も重要であることを指摘しています。敵を知ることも重要ですが、己を知らないことには戦略の立てようがないからです。大学では勉学の方向を自分で決めることができますが、自分の適性を考慮せずに決定すると一生後悔することになりかねません。大学を卒業した後、どのような人生を送りたいのかを速やかに決定し、それに必要な知識を身につけることが重要です。

各人の好みや業務適性は大学入学時にはほぼ決定しています。しかし、本人は自覚していませんので、四年生や修士二年生になっても就職に関する定見がなく、指導のしようがない学生が多数存在します。大学合格を主要目標として親の意見や高校の先生の意見にしたがって真面目に勉強してきた学生にこの傾向が強いように思えます。また、九州出身の学生は九州大学に入学したことに満足し、卒業後の生活について真剣に考える姿勢が弱いように感じています。

大学は社会に出る前段階であり、学部卒業時と大学院修了時では学問の深さの違いこそあれ、社会参加については完全に準備を整えておくことが必要です。

自分の進みたい道は、自分で決定しなければなりません。社会にでれば面白いことばかりではなく、逆風も吹きます。このような時、自分の好みにしたがって自分で進路を決定していなければ、挫折することが目に見えているからです。自分で考えて解らないことは素直に周りに尋ねましょう。しかし、決定は自分の責任で行いましょう。

われわれの研究分野では四年次から学生の研究室配属が行われますが、一ヶ月も一緒に暮らしているとそれぞれの学生の適性は判断できます。研究者や職場のリーダーになりうる学生と、トップに立つことは望むべくもない学生に大別され、前者はまれにしか存在しません。後者についても、積極型や慎重型などそれぞれ性格が異なります。この違いは、幼少時からの生活環境の違いに基づくもので、大学入学後に変更可能なものではありません。このような多様な個性を有する学生を世界の進歩に寄与できる人材に育成するためには、それぞれの学生に適した指導を行う必要があります。また、学生も得意な分野で勝負すべきであり、それによって充実した社会生活を送ることができます。職業に卑賤はありません。全員がリーダーでは社会は動きません。社会を構成する各人が自分の役割を確実に果たし、互いに尊敬し、依存する社会を作ることが重要です。

自分の好みを知り、卒業後の人生設計ができれば、何を身につけたいかが解ると思います。

単位を取るための勉学と、自己修練のための勉学はまったく異なるものです。勉学は知りたいことしか応用可能な知識として定着しませんので、卒業時には毎日の勉学態度の違いが、同一レベルの学生を別人に仕立上げるものです。

3 講義の受け方

大学生の本務は勉学であり、必要な単位を取得して卒業することを最優先に考える必要があります。大学での自己教育は正規授業、課外活動、社会活動などを通じて総合的能力を磨くことですが、大学を卒業し、大学院を修了してはじめて資格を得ることができることを忘れてはいけません。課外活動や社会活動に身を入れすぎて講義を欠席し、単位を取得できないようでは本末転倒です。

講義の選択は学部によって自由度が大きく異なりますので、好きな科目のみ履修する訳にはいきません。それぞれの学部で専門家として必要な知識を付与するためのプログラムが考えられていますので、基本的には指定されたプログラムを消化することを最優先します。すなわち、必修科目は確実に単位を取得することです。

選択科目については、自分にとって好ましい科目あるいは将来にとって必要と考えられる科目を選んで受講します。自分自身の適性、好み、将来像などが不明であれば適切な受講計画を立てることができないので、大学卒業後の将来計画についてはできる限り早いうちに決定しておく必要があります。学部学生では三年生後期から、修士課程の学生では一年生後期から就職活動に入りますが、その時点で将来計画が定まっていないと面接で自己主張ができず、満足できる就職先を獲得することができなくなります。大学入学後一年以内に卒業後の進路について基本方針を定め、それに向かって受講計画を決定し、目的を持って勉学に励むことが重要です。

将来計画を立てるためには、現在の社会に対して十分な知識を獲得し、将来像について洞察し、自分の好みと突き合わせて人生設計を考える必要があります。その際、現在注目を集めている分野を志望することは必ずしも勧めません。学問領域においても、産業領域においても栄枯盛衰があり、以前は三十年周期で世の中の流れが変化すると言われていましたが、現在の情報化社会ではさらに変化が加速しています。注目を浴びている分野はそのピークに達しているか、すでに退潮に向かっていることが多いこと、優秀な人材がすでに数多く存在しているため競争が激しいことなどの難点があります。最も大きな難点は三十代の後半から四十代にかけての働き盛りの時期に底を打つ可能性があることです。進路の決定にあたっては、自分の適性および好みを優先することが好ましいと思います。

社会を知るためには情報収集が重要な要素となります。新聞、雑誌などには十分目を通し、幅広い知識を身につけることが肝要です。これからの社会においては、個性を伸ばすこと、創造性を有することが重要であることを述べました。情報を収集するだけでは二十一世紀に必要とされる人材として成長するには不十分であり、常に得られた情報を評価し、自分の意見を持つことが重要です。

最近はインターネットなどで容易に情報が得られること、ワードプロセッサーで簡単に文章を作成できることなどから、読書量が減るとともに文章力が低下している学生が多いようです。われわれの学部では四年生から講座に配属され、卒業論文の作成にあたりますが、文章力はお粗末なものであり、修士課程入学試験に合格するために文章力、ひいては表現力を上げさせる訓練が必要となっています。最も効果的な表現力向上の手段として日記を書くことを勧めています。毎日書かねばならないということになると挫折することが多いので、時間がある時で良いので自分の意見を文章にしてみることを勧めています。

語学力はあらゆる作業の出発点となりますので、早い時点で自己鍛錬を開始することが重要です。英語を不得意と考えている学生の一部は、日本語の表現力が劣ることに起因しており、日本語を鍛えることにより語学力全般の向上につながります。文章力の向上は、単に文章を書いただけで達成することはできません。読み返しておかしい点を修正することが重要です。自分の文章を自分で直すことは簡単ではありませんが、声に出して読むことにより比較的容易に文章の難点を見つけ出すことができます。目で見て、声に出し、耳で聞いてチェックするので、何らかの疑問を生じさせる文章は続けて読むことができなくなるので、その文章を重点的に修正すれば良い訳です。黙読では読み飛ばしてしまい、問題点のすべてを把握することができません。

通常の講義は教員から学生への一方通行の形で行われます。いかに面白い講義でも時間が経つとその印象が薄れ、試験勉強時に記憶を新たにしてもいつかは忘れてしまいます。単に、単位を取得することが目的であればそれで良いのですが、講義の内容を身につけることを目的にするのであれば予習が必要となります。予習により疑問点を明確にして受けた講義は印象が強く理解が進みますし、応用可能な知識として定着させることができます。

私の学部講義では、テキストを事前配布して予習を前提とした講義を行い、学生の質問に講義の時間内に答えることにしています。他の学生の前で質問させることを通じて、知識獲得のあるべき姿を体感させるとともに、疑問を表現する能力、人前で質問する積極性を育てることがねらいです。この積極性が就職活動や学会活動で大きな意味を持つことを話した上で予習に基づく質問を受ける訳ですが、予習してくる学生はほんの一部であり、半年、一年後には他の学生と大きな開きが出てきます。講義の種類にもよりますが、復習より予習に時間を使い、講義時間中にすべての知識を得る意気込みで講義に参加することが重要です。知識の獲得、表現力の向上、講義における思考力の練磨などは毎日の積み重ねが最も重要であり、少ない時間で最大の効果を得ることができます。

実験・実習は講義内容の定着に非常に効果的ですが、これも事前の準備が教育効果に大きく影響してきます。実験・実習は、前日に作業内容を確認しておかなければほとんど身につくものではありません。指示通りに実施し、他の学生のレポートを写して提出した場合、後に残るものはありません。作業手順を前もってノートに書き写し、表を作成する必要がある場合はデータ記入表を前もって作成しておき、疑問点を実施前に質問してから開始することにより、実験・実習が稔りのあるものとなります。

4 課外活動と社会活動

課外活動および社会活動は総合力の向上に大きく寄与します。課外活動は、多くの場合競争の場であり、同僚に打ち勝ってはじめて試合などに出場することができますし、試合などでは相手に勝つことが最大の目的となります。文科系、体育系を問わず、競争を勝ち抜くためには、自分の長所を認識し、それを伸ばし、自分に有利な状況を作り出すことが重要となります。同様な配慮は、学問分野においても、実業界においても必要なものであり、課外活動は社会で活躍するための重要な準備活動であるといえます。アルバイトやボランティアなどの社会活動は、正規授業、課外活動、日常生活の中で培った人間性を実際の社会に適用する機会であり、積極的に取り組む必要があります。

私の研究室では本人が希望すれば四年生でも課外活動を継続させますし、大学院生を含め、すべての学生がアルバイトに出ることを勧めています。その理由は、研究のみの生活は創造力を枯渇させ、狭い分野での専門家になってしまう危険性があるからです。私の研究室には毎年七名前後の四年生が配属され、そのうち四、五名が修士に進学します。また、他大学からの修士入学生を最近では毎年四、五名受入れています。博士後期課程の学生の多くも他大学出身者で、修士から入学した学生もいますし、博士後期課程から入学した学生もいます。配属時に研究テーマを学生と相談して決定しますが、多くの場合こちらで用意したテーマを受入れ、指示にしたがって研究を開始しますが、できる限り早い時点で学生自身が見つけた事実に基づいて研究テーマを修正するようにしています。その理由は、学生の創造力を伸ばすためであり、自分の仕事として研究を行わせるためです。

実験・実習と同様に、研究は実施以前に作成する作業仮説の新規性が最も大きな意味を持っており、独創性の練磨が研究者教育の根幹です。研究者教育は高度に個人的なものであり、学生が自分で実施した作業結果から独創的な発見を行い、それを実証し、第三者が理解可能な形にまとめる方法を教える必要があります。

この一連の作業の方式は、各人の個性によって異なるものであり、それぞれの学生が自分に適した方式を組み上げる必要があります。これが独創性を伸ばす教育の難しい点であり、科学者および社会的リーダーの教育においては万人に応用可能な方法はないと考えています。すなわち、学生自身が壁にあたり、対応策に苦慮してはじめて教員、あるいは指導者の意見が学生の進歩に寄与することができるようになります。解決策を含めてすべての情報を前もって与えることは、学生が教員を乗り越えることを不可能にし、学生の成長を停止させてしまいます。

課外活動では、自分のやりたい活動を通じて自分に合った問題解決法を見出していくことができるので、大学院ではじめて身につけることができる独創的思考方式を学部レベルで達成できることに意義があります。私の科学的な思考法のかなりの部分は、小学校から大学にかけての課外活動で行った「勝つための工夫」に依存しています。課外活動に時間を取られる分、勉学に割く時間が少なくなるので、その時点での学業は満足できるレベルには達しませんでしたが、課外活動に費やした時間は決して無駄なものではありませんでした。要は目的を持って毎日を過ごすことができたかということであり、受験校や九州大学のような運動能力の点では人材に恵まれ難い環境においては、勝つためにはさまざまな工夫を行う必要があります。このような努力は、独創性を育てる上で大きな経験となりました。

5 時間の使い方を覚える

大学で勉学とその他の活動を両立するためには、時間を有効に使う必要があります。時間の有効な使い方を覚えることは、将来多忙な環境に置かれた際に非常に役に立ちます。各分野で指導的な役割を演じている人は、時間の使い方が上手な人であり、同じ仕事を短時間で必要なレベルでやり遂げることが可能な人であると思います。

時間を有効に使うということは無駄な時間を作らないことです。同じ仕事を長時間続けると集中力が欠如し、能率が上がらなくなります。したがって、疲れてきたら休むこと、興味がなくなってきたらやめることです。だらだらと作業を続けることは時間の無駄です。仕事に飽きたらさっさと遊びに行き、気分を転換することです。仕事をやれる人は気分転換が上手なようです。

とはいえ、時間に迫られている時には簡単にやめることができない場合があります。その場合は仕事の種類を変えることです。英語の勉強に飽きたら少し休んで物理の勉強をするといった具合です。作業の内容によって使うべき脳の部位が異なるので気分転換に役立ちます。しかしながら、仕事に追われないように余裕を持って作業計画を立て、予定より早めに仕事を終える方がストレスも少なく、毎日を楽しく過ごすことができます。仕事に追われるのではなく、仕事を追いかけた方が充実度が高いということです。

無駄な時間を作らないためには、作業の終わり方が重要になります。通常の作業は複数の構成成分に分けることができ、独立して行うことのできるものと、一気にやるべきものが共存しています。たとえば、レポートを作成する場合、資料を集めること、資料を読むこと、重要な情報を抜き出すこと、文章にまとめること、清書して提出することなどが作業に必要です。これを一度にやってしまおうとするととんでもない時間がかかりそうであり、やる気を失ってしまい、提出期限ぎりぎりにやっつけ仕事をする羽目になりますので、高い評価は得られません。

まず、どの資料を用いるかを決定しなければなりませんが、資料を読む場合には関連する部分を一気に読む必要はなく、章単位あるいは節単位で短い空き時間を使って読み進めることができます。その際忘れてならないことは、重要なポイントをマーカーペンで印を入れ、必要であればコメントを記入することです。これをやっておかないとまた最初から読み直す羽目になります。自分のアイデアを資料に書き込むことは独創性を出すために重要なことなので、その際にはコピーしたものを用いるべきです。

関連部分を読み終えるとマーク部分を中心に、重要な情報を抜き出す作業に入ります。最近はほとんどの学生がノートパソコンを所有していると思いますので、この作業は空き時間を用いてどこでもやれるでしょう。その際、入力することに集中すべきです。画面上で良い文章を仕上げようとしても無駄です。必ず印刷して読み直す必要があるので、最初は速やかに入力を終えることに徹します。

入力を終えたら必ず印刷して持ち歩きます。それによって、どこでも文章のミスを直し、構成を考えることが可能になります。文章の修正はできれば一回で終えることが望ましいので、印刷したものを最後まで読んで修正点をすべて書き込みます。後はこの修正を画面上で行い、印刷して正しく修正できたかを確認して提出すれば良い訳です。文章を修正する際に音読すると一回で必要な修正を終えることができますが、黙読すると見落としが生じるので再度修正する必要が生じます。

次に、無駄を省くためには作業の締切りを自分で設定することです。外部から設定された期限より早めにその作業に費やす時間の最終日を決定しておき、その時点の状況で仕事を終えることです。作業に完全を期そうとすればきりがありませんので、なかなかやめることができず、次の作業に入ることができません。そこで、仕事のレベルと自分の状況を判断して、その仕事に費やすことのできる時間と期限を決定することになります。単に提出すればすむ文書を素晴らしい文章に練り上げる必要はありませんが、対外的にも利用される重要な文書は自分の評価につながるので十分な時間を費やすといった具合です。このような決定を行うためには、作業の重要性を判断する必要があるので、毎日の生活の中から判断力が培われ、重要な作業を高いレベルで行うことが可能になります。

作業のレベルを上げるためには熟成期間が必要です。レポートを作成する場合、まずアウトラインを作り、自分のアイデアに新規性があるかどうか、構成は正しいかなど判断することをお勧めします。この段階で資料は十分か、選んだデータセットで主張したいことが十分に言えるかなどについて良く考えておくと論理的な構成を確保することができます。構成が決まれば一気に初稿を書き上げることが時間の節約になります。

その時点では頭にあることを機械的に入力することが重要であり、一気に書き上げることができないと前半と後半で内容に食い違いが生じたりします。入力が終わると印刷する訳ですが、ここで修正に入ってはいけません。入力時のアイデアに支配されているので、自分の考えを第三者的に見ることができないし、他の視点もあり得ることに気付かないからです。そこで、修正は少なくとも数日の間を置いて、他の作業を行った後で行うことになります。これを可能にするために、作業計画を立て、早めにその計画を実行していくことが重要となる訳です。

6 読書について

人間の一生は時間的にも空間的にも限られたものであり、すべてを経験することはできません。そこで、人間は会話と読書を通じて経験の補充を行ってきました。現在は、ラジオ、テレビ、インターネットを通じてさまざまな情報を獲得し、擬似体験することも可能になっていますが、これらの媒体は万能ではありません。これらの媒体の特徴は速報性にあり、一次情報の獲得には有効ですが、十分に吟味された情報といいがたいものです。一次情報の中から重要な情報を選択し、その意義付けを行った情報としては書物に勝るものはありません。とくに、古典的な書物は長期間にわたる評価に耐えて生き残ったものであり、知識の宝庫といって良いでしょう。

しかしながら、本を読めばなんでも解るという訳にはいきません。同じ本を読んでもその時々で感銘を受ける部分が違うのですが、これは受け入れることのできる情報のみが蓄積可能であることを意味しています。講義を受けた時には感心して聞いた内容でも、時が経てば忘れてしまうのと同様に、読書により得られた知識も受け入れ態勢が整っていなければあまり役に立ちません。いろいろな苦労をし、それについて悩んだ経験がある場合には読書により得られた情報が問題解決に役立つとともに、これからの人生で遭遇する試練においても応用可能な知識として残るものです。したがって、読書という作業を稔りあるものにするためには、人生というものについて考えた経験が重要になります。

読書は人間の幅を広げるのに有効ですが、それとともに表現力の向上に大きく寄与します。頭の中でいくら素晴らしいアイデアを考えていても、それを人に伝えることができなければその価値は認められることはありません。理系に進んだ人たちは表現力の鍛錬が不十分なことが多く、素晴らしい考えを持っていながらそれを人に伝える努力をすることを怠っている例が多いのです。科学の世界では、どのような発見も論文として受理されてはじめて真実として受け入れることが可能になります。実業の世界でも、計画案を作成し、それを他人に評価してもらってはじめて実行することが可能になります。したがって、表現力を高めることは自分の理想を実現するための大きな手段になります。

読書は先人の苦労を擬似体験することができるだけでなく、さまざまな表現法があることを知ることができます。感銘を受けた部分はマークを入れ、必要があれば抜き書きを行うことにより再利用を図ると良いでしょう。このような書き込みは借用した本ではできませんので、いい本は購入して繰り返し読むべきです。子供の成績の良し悪しは遺伝により決定されるものではなく、大部分が家庭環境に依存するものです。家に沢山の本があり、親兄弟が読書に親しんでおり、幼少時に読み聞かせにより本に親しんだ経験が子供の思考力を刺激するものです。自分の専門領域に限定することなく、幅広い分野の本に接することが人間の幅を広げてくれます。

7 ものの見方について

研究を含めた創造的作業の世界は常に失敗の連続と考えて良く、悲観的な考え方の人間は研究者に向いていません。たとえば、実験結果を眺める場合、その実験の難点を先に意識する人間はテクニシャンとしては有能な人材に育つことができますが、科学者として創造力を発揮することは期待できません。実験科学の世界は、得られた結果から何が言えるかがすべてであり、主張しようとしている内容が論理的なものであれば採用されるものであり、その主張と無関係の結果について説明を求められることはありません。したがって、得られた実験結果から何を言うことができるかについてまず考える精神が必要です。

同じことは社会全般においても当てはまります。どのような世界においても、パイオニア的な仕事を担っているリーダー達は楽観的な視点を有しており、得られた情報を積極的に解釈するとともに、悲観的情報の影響力を縮小させるための努力を行っています。

人との付合いにおいても、他人の長所を先に見ることのできる人間は円滑な人間関係を作ることができますが、短所が先に目に入る人間にはそれが困難になります。「あの人はこういう長所があるから素晴らしい、ここを改めるともっと良くなるのにね」という見方です。毎日の生活についても、いい面を見ていくことで建設的な生活を送ることができます。今日はこれができた、こんないいことがあったと考えることで、明日への力がわいてきます。うまくいかなかったことに対して愚痴をこぼす毎日では明るい展望は開けません。

近年の科学研究は大型化、複雑化しており、個々の研究者あるいは研究室単位では大きな仕事はできない環境にあります。このような状況を打開するためには、人的ネットワークを構築して共同作業を行うことが重要となりますので、人との付合いが苦手な研究者は大型プロジェクトを獲得・運営することが困難になります。創造的研究の考案および実施には良い面を先にみることが非常に重要であり、楽天的な見方ができるように努力する必要があります。

8 情報処理について

情報は必要な時にとりだすことができてはじめて意味を持ちます。そのためには情報の整理が重要です。自分で作成した電子ファイルや電子メイルなどはパソコンのハードディスクドライブや種々の記録媒体に保存することができますが、文書などで配布される情報もかなり存在しています。これらの情報をいつでも取り出すことができれば毎日の作業に費やす時間を短縮することができます。残すべき情報と廃棄しても良い情報を速やかに識別し、残すべき情報は前もって定めたファイル方式で分類して保存します。

実験者にとっては、実験結果の整理や研究情報の整理が重要な作業の一つとなっています。文書のファイリング形式には、シークェンシャル・ファイリングとランダム・ファイリングがあります。実験ノートのような一次情報の蓄積には実験の日時が大きな意味を持つので、シークェンシャル・ファイリングが適しています。大学ノートのような綴られたノートに順次記載して良いし、ルーズリーフ・ノートで作成したものを作成順にファイルすれば結構です。

会議録や種々の資料の保存もシークェンシャル・ファイリングに適していますが、すべての情報を一つのファイルに蓄積すると目的情報を探し出すのに時間を要することになるので、ある程度の分類は行う必要があります。いくつかの項目別にシークェンシャル・ファイルを作成することが効率的です。しかし、あまり細かく分類するとファイル自身を探し出すのに時間を要し、かえって効率が低下することがあります。また、作業内容の変化により資料の蓄積頻度が変化する場合があります。そこで、一つのファイルの中に複数の項目をファイルするようにしておき、特定の項目に関する資料がかなり蓄積された場合、その項目のみを別のファイルとして独立させる方式も効率的です。シークェンシャル・ファイリングには二穴式のファイルと二穴パンチの組み合わせが最も経済的です。

ランダム・ファイリングは、実験結果の二次情報の整理に役立つファイリング形式です。すなわち、成功した実験の結果を公表可能な形の図表として蓄積し、論文や学会発表のデザインを考える場合に使用します。図表をA4サイズの用紙の上半部程度のサイズで作成し、下部にはその実験から得られた重要な結論などのコメントを入れておきます。新たに得られた情報は、テーマごとに分類した場所に挿入し、関連する情報の比較が時系列とは独立した形でできるようにします。また、データの組み合わせを変えることにより違う内容の論文を準備することが可能ですので、データシートの移動を自由に行うことができるようにしておきます。このような目的で使用するファイルはA4ファイルでは三〇穴ファイルなどであり、ルーズリーフノートや三〇穴パンチを用いてファイリングを行います。また、ランダム・ファイリングはまれにしか入ってこない情報を他の情報と分類して保存する場合にも有効です。

いずれのファイル形式を用いる場合も、ファイリングにおいてパンチで穴をあけてファイルに納める必要があります。ボックスファイルやクリアホルダーなどを用いて穴をあけずにファイルすることもできますが、ボックスファイルは単に情報を一ヶ所にまとめているのみであり、時間的あるいは内容的な相互関係を表すファイリングができないし、散逸する危険も大きいようです。

クリアホルダーやクリアファイルを用いたファイリングは、経費的にやや高くつくので、オーバーヘッドフロジェクター（OHP）用スライドや穴をあけることのできないもののファイリングに限定して用いると良いでしょう。したがって、ファイリングには穴をあけてとじ込むことが前提となるので、資料を作成する際には必ずとじ代を残すことが必要です。また、文献などのコピーを行う際には必ず中央部を合わせ、確実にコピーの両端にとじ代が残るようにします。

パソコン利用技術は、勉学を行うためにも社会的要請に答えるためにも不可欠の技術となっています。パソコンおよびソフトウェアを使いこなすためには、専用の端末を持つことが望ましいので、できる限り早い時期にノートパソコンを入手してください。日常的に行う作業はさしあたりワープロおよび表計算ですし、十分な速度でインターネットへの接続と電子メイルの送受信を行うことができれば良いので、高級機を入手する必要はありません。大学と自宅の両方で使えるように、フル装備のＡ４型ノートパソコンを入手することが最も経済的であると思います。

９ 判断力をつける

物事をきちんとやろうと思えば思う程仕事が進まなくなります。どのような仕事にしろ、作業の初期は作業時間に比例して作業は進みます。しかし、作業が進むにつれ投入した作業時間が作業結果に反映しなくなります。すべての作業について満点を目指すと永遠に仕事を終えることができず、他の業務ができなくなります。

与えられた業務を実行する場合、誰が見ても不十分である六〇点レベルでお茶を濁すべきではありませんが、八〇点以上のレベルを達成しても大勢に影響はない場合も多く、八〇点前後の達成率で十分です。作業結果に関する評価は業務内容によっても異なります。重要性の高い業務については、より高い達成度を目指すべきであり、重要度の低い業務については、何らかの形で終了すれば良いといった形で、業務達成目標に差をつけるべきです。個々の作業について、どこまでレベルを上げるか、作業実施期限をいつにするかなどについて、自分自身で決定することが重要です。毎日の業務にこのような判断力が強く求められており、判断力が身についていないと適切な速度と達成度で仕事を終えることができなくなり、低い評価を受けることになります。

現実の作業は必ずしも予定通りには進みません。業務達成目標は実施可能なレベルより少し高いところに置くことが望ましいのですが、実際に作業してみると設定した期限までに満足な結果が得られないことが多いのに気付きます。その仕事の達成度が他の業務にも大きな影響を及ぼすような重要性の高い業務については、作業実施期限を少々延長しても十分な達成度に到達することが望まれます。しかし、重要度の低い業務について作業実施期限を延長することは、より重要な業務に傾注する時間を奪うことになるので、適当な時期で見切りをつけることが必要となります。仕事が早く、高い評価を受けている人は、仕事の内容を良く理解し、それに費やすべき時間を心得ている人です。

各種の業務は、作業を終了してその内容について評価を受けて初めて実績となるとともに、今後の作業を行う上での経験が得られます。また、業務が終了したということは、業務達成に必要であったさまざまな情報を、忘れることができるようになったということでもあり、新しい情報に基づいて、新たな枠組みの業務を考えることが可能になります。古い業務を終えないことには新しい面白みのある業務に専念することができないので、やりたい仕事を行うために重要度の低い仕事は速やかに終えるようにします

10 表現力を培う

九州大学農学部入試の二次試験において国語が課されなくなって久しいのですが、それ以降学生の国語能力および表現力が明らかに低下しています。学生に学会発表や修士論文発表用の要旨を書かせた場合、修正すべき文章の割合が増加しています。その原因は、学生の読書量が減少していること、マークシート方式の試験に対する対応においては文章を書く機会が比較的少ないことにあるようで、二次試験で国語力を問わないことが直接的な原因ではないかもしれません。国語力が低ければ、自己主張を行う手段を奪われてしまいます。また、国語力が低い人の英語での表現力が高いはずはありませんので、これから必要とされる国際化に対応することもできません。したがって、英語、日本語の別を問わず、表現力を高める努力が必要です。

表現力を高める第一の手段は読書量を増やすことです。専門分野にこだわらず、各界の成功者の失敗と成功の歴史をたどることは研究者としての可能性を大きく広げてくれるし、多様な表現形式について学ぶことができます。つぎに行うべきことは自分の考えを表現することであり、つねに新しいアイデアを追い求めるとともに、新しいアイデアが得られたらそれを周りに話してみることです。自分のアイデアを他人に理解させることができれば、会話に必要な表現力を持っていることが解るし、もっと大事なことは相手からの応答により自分の考えを修正するチャンスを得られることです。

しかしながら、会話の成立には必ずしも論理的な思考を必要としませんし、研究仲間との会話ではすべての情報を与えなくとも相手の方で理解してくれる場合がありますので、十分な表現力があるか否かを知るためには、外部の人間が納得できる話ができるかが重要です。非常に重要な発見をした場合、軽々しく局外者に話をする訳にはいかないので、別の形で自分のアイデアの論理性や表現力の高さについて確認する必要が生じます。

この目的には自分のアイデアを文章にすることが最も効果的であり、論理に無理がある場合には頭の中では納得していたものでも文章化することができません。文章化することにより自分のアイデアを客観的に見ることが可能になり、独り善がりの議論を避けることができます。また、文章だけでアイデアを他人に理解させることができれば十分な表現力が得られたことになります。しかしながら、このような文章化作業をまれにしか行わないのであれば表現力の向上は期待できません。

表現力を高めるためには、日常的に文章を書く習慣をつけることが重要であり、折りにふれて記録を残すことが望まれます。この記録は、パソコン上で行うことは推奨しません。パソコン上での文書作成はいつでも修正できることを最大の利点としており、画面上で筋の通った文章を作成することは不可能です。したがって、厳密な文章を書くトレーニングにはならないので、最初は紙の上に手書きで文章を書き、それを修正して論理的な文章にまとめ上げる努力を行うことが望まれます。

そのような機会の一つに研究室に入って経験する英語ゼミがあります。英語ゼミでは英語の読解力を高めるため、英語の教科書を輪読しますが、その予習としてできる限り完全な和訳を書くことを勧めています。それによって、日本語の表現力が顕著に向上しますが、英語ゼミの趣旨とは無関係ですので、ゼミにおいては和訳した文章を読みあげることを許していません。

文章力を高めるための方法の一つとして、日記を書くことも有効です。しかし、毎日一定量を書くことを義務づけるとかえって長続きしないので、書くことのできる時に書きたいだけ書くことで十分です。私は小学校から何らかの形で文章を書き続けているので、文章を書くことがほとんど苦にならず、執筆活動を非常に楽に行っています。

11 原稿の書き方

作業を開始する時点で最終的な姿をイメージするとその膨大さに気おくれして作業に入る気力を失うことがあります。しかし、ほとんどの作業は小さなブロックに分割することができ、個々の作業は短時間ですませることができます。

原稿の執筆を行う場合、おおまかにいって調査、原稿作成、推敲、校正などの段階に分けられます。これらの段階もさらに小さな段階に区切ることができます。たとえば、調査段階では資料のチェック、インタビュー、メモの作成・整理などのステップに分けられます。原稿作成段階では初稿の入力、印刷、訂正、原稿修正などのステップに分けられます。これらの作業は各章、各節で独立して行うことができるので、独立して作業可能な各ブロックを実施するのに必要な時間は大きなものではありません。

作業の開始時点でおおまかな作業項目、原稿作成においては目次が作成されておれば、実施可能な項目の実施可能なステップから開始することができます。作業を実際に行ってみるとその全体像をある程度修正する必要が生じることが多いので、厳密に目次立てを行う必要はありません。これは時間の無駄であるだけでなく、作業の進行により得られた成果を取り入れる柔軟性を失わせてしまうので、あまり先入観にとらわれないようにすることが重要です。論文の審査で良く見かけるのは研究開始のアイデアで緒論を書いてしまい、得られた結果と緒論が一致していない論文です。このような場合は当然修正を求めますが、著者によっては柔軟な思考をすることができず、納得させるのに苦労する場合もあります。

原稿の作成においても最初から完全な原稿を入力しようとすると作業は進みません。ミスタイプや文章ミスにこだわらず、自分のアイデアを入力することのみ考えます。ワープロあるいはパソコンの画面上で完全な文章を作成できるはずはなく、繰り返し推敲することによりはじめて独創的かつ論理的な文章を作成することができるようになります。ただ、気をつけなければならないことは各段階で記録を残すことです。資料のチェックにおいては重要事項にはマークを入れ、メモを作成しておきます。また、入力した原稿は必ず印刷して持ち歩き、いつでも読み直して訂正することができるようにしておきます。

素稿を作成する段階では文章ごとに改行すると効率的です。それによって文章ごとに洗練させることができますし、文章の削除、追加、移動も容易に行うことができます。訂正を書き込むスペースも十分確保できますが、ページ数が増え、一ページの情報量が少なくなるのが難点です。小さなフォントを使用したり、行間隔を少し狭くすることでこの難点を改善することができます。文章力がついてくれば文章ごとの改行は不要になります。

科学論文では、簡潔で誤解のない文章を作成することが最も重要です。複雑な構成の長文を羅列すると非常に読みにくい文章になり、査読者に良い印象を与えません。このような難解な文章が書かれるのは、著者自身の構想が明確化されていない場合が多く、論理性に欠けることがしばしばです。だらだらと長く、非論理的な論文は査読者にとって非常に不愉快なものであり、査読に時間がかかるだけでなく、査読を開始すること自体が苦痛に思えます。したがって、不要な文章は一切排除した焦点を絞った論文を書くことが採択の早道です。論文を却下する場合にはその理由が必ず必要になります。却下の理由を与えなければ論文が不採択になることはないので、不必要な文章を書かないことが自分の主張を通すことになります。

自分で書いた文章のミスをすべて見いだし、訂正することはかなり困難なことです。信頼できる査読者が身近にいる場合は良いのですが、原稿の訂正を頼む相手がいない場合も多々あります。論文の修正や校正を行う場合、原稿を黙読することが多いのですが、著者が自分の文章を読む場合、原稿作成時の先入観にとらわれており、間違いを発見しにくい状況にあります。

自分の原稿の訂正を行う場合、大きな声で原稿を読むことが効果的です。文章を目で読み、口に出し、耳で聞くことにより三段階のチェックを行うことができるので、ほとんどのミスや論理的矛盾を発見することができます。長いだらだらとした文書は息が続きませんし、難解な文章は自分自身で気になり読み進むことができないものです。簡単に目につくミスでない場合でも、気になる部分があれば読み飛ばすことができません。そういう箇所を丁寧に読み直してみると文章の欠陥が見つかります。

12 教員と学生の関係について

研究者の研究遂行能力は経験を積むにしたがって向上しますが、知識の増加に伴い斬新なアイデアが出にくくなる傾向があります。一方、学生は知識が少ないので、常識にとらわれない自由な発想が可能です。また、仕事の内容についての見通しを立てるだけの知識がないため、経験を積んだ研究者であればやりたがらないつらい仕事を開始することも可能です。

新規の分野で研究を成功させるためには、教員と学生あるいは研究室のリーダーとその部下の間で互いの長所を有効に活用するシステムを構築することが必要です。具体的には、低学年の学生ほど高い潜在能力を備えているので、新人の時代に積極的に発言することを推奨し、独創的な思考を育てる雰囲気を作らねばなりません。若い研究者が積極的に問題に取り組んでいない組織では斬新な成果を期待することはできないものです。

指導者は、若手研究者の発言に対して頭から否定するような発言をすべきではありません。そのような発言は若手研究者の自主性および独創性の発達を阻害します。研究指導者の持つべきものは、問題発見能力および問題解決能力です。前者は研究テーマの設定に不可欠のものであり、意味のない研究はやるべきではありません。後者は研究成果をあげるために不可欠の能力であり、学生や部下の研究者が直面した研究上の問題を解決するとともに、論文作成を指導する能力です。

順調に仕事を進めている学生や部下は、ほとんど教員やリーダーの助けを必要としないので、研究の遂行を大部分任せておいて構いません。指導者が必要となるのは、研究上のトラブルに落ち込んだ時であり、実験方法の選択や実施における誤りや実験結果の解釈などの迷いなどが生じた際に適切な助言を行い、スランプの期間を短縮することが役目です。その場合も過度の指導は控えるように注意する必要があります。教員が教えようとすればする程学生は教員を頼りにし、自分で考える習慣を持たなくなるものです。

学生は実験上のトラブルに出くわした場合、なかなか教員に相談しないものです。私は、実験上のアイデアは絶対的なものではなく、研究上の問題を解決する一つの作業仮説を検証するために学生に実験を依頼していますが、学生はそのような受け取り方はしないものです。学生は教員の指示を絶対的な事実として受け取ることが多く、指示通りの結果が出ない場合は自分の実験結果を疑います。したがって、何度やってもうまくいかないことを確認してはじめて報告してきます。実験結果が正しい場合、この確認実験に無駄なコストと貴重な時間を費やしたことになります。これを避けるためには、教員が実験結果を信じる姿勢を常に見せることが必要です。また、予定と異なる結果が出た時こそ新発見のチャンスであることを学生に十分理解させておくことが必要です。

すなわち、教員の構想通りの結果が得られた場合は常識に沿った中程度の論文が書けるにすぎませんが、予定通りの結果が出なかった場合はこれまでの常識では考えられない新しい知見を得ようとしている可能性があります。したがって、学生には予想した結果が得られない場合が最も教員が喜ぶ時であることを折に触れて伝えておきます。実験の再現性が良くない場合は、実験者の技術上の問題だけでなく、作業仮説の誤りに起因することもあるので、実験のデザインを変更して新しい研究の道筋をつけるため、教員の経験が必要になります。要するに、研究がうまく行かない時と理解に苦しむ結果が出た時には相談にくることのできる雰囲気を作ることが指導者の役目です。

多くの学生は大学入学までに多くの知識を詰め込む作業にほとんどの時間を費やし、創造的な作業を行った経験に乏しいので、この考えを学生の間に定着させることは非常に困難です。学生の話をよく聞き、研究上のトラブルをともに解決し、論文作成という一つのハードルを越えてはじめて互いの信頼感が得られるものです。研究者の育成は簡単なものではなく、自分で出した結果を第三者が納得できる形にまとめ上げる作業を繰り返してはじめて一人前の研究者に育てることができます。

学生に必要な知識を前もって与えることは重要ですが、すべてを教えることはかえって学生の成長を妨げます。こちらから教えた内容の多くは忘れてしまいますし、応用可能な知識として身につくことはありません。学生自身が悩み、自分自身で結論を出したことによりはじめて学生は応用可能な知識として経験を身につけることができます。この過程を早過ぎる助言により中断しないことが指導教員の役目の一つであり、出すべき結論は解っていても学生が口に出すまで議論を続ける忍耐も必要となります。学生を実験結果作成装置として扱うことは、短期的には成果を上げることを可能にしますが、人材の育成が進まないので、長期的には研究室の活性化につながらないものです。

教員に実験結果の報告を行う場合、良いことから先に話してください。成功した結果を先に報告し、それから得られる推論について話し、それに基づいてやるべきことについて相談することです。多くの場合、うまく行かなかった結果から先に相談するため、建設的な話に至らないうちに時間が切れてしまいます。科学の世界で議論する価値があるのは「何が言えるのか」であり、「何がおかしいか」ではありません。常に、建設的な議論を行うよう心がけましょう。

13 就職について

良い大学へ入ったからといって、それで安心してはいけません。卒業することは当然ですが、希望する職種に就職してはじめて大学で教育を受けた意味があります。学部卒業生は主として企業に就職することになりますが、理系の卒業生でも、研究開発の現場で働く可能性は小さく、工場や販売の現場に近いところで勤務する可能性が高くなります。修士卒業生も企業に就職する確率が高いのですが、ここでは研究所に配属される可能性がかなりあります。しかし、研究開発にこだわると面接で不合格になることがあるので注意してください。博士課程修了者は企業への就職もありますが、大学および研究機関に就職する場合が多くなります。

企業への就職においては、面接結果が採否に最も大きな影響を及ぼします。以前は指定校制度に近い状況があり、特定大学の特定学科から毎年一名は学生を採用することが行われていましたが、現在は学生の資質を中心に審査が行われます。したがって、在学中に総合力を高めておかなければ希望の職種につくことはできません。

企業の面接では、元気の良さ、積極性、独創性、表現力などが評価の対象になっています。それ以前に気をつけるべきことは礼儀正しさであり、応募する際の電話の対応には失礼にならないよう十分に気をつける必要があります。大学の先輩や、就職担当窓口に電話をする場合など、相手の都合を尋ねた上で用件にはいるようにし、言葉使いにも気をつけます。他人に対する思いやりをもって日常生活を送っていれば、礼儀を失する確率は低くなりますので、毎日の生活の中で素晴らしい人間性を獲得してください。

面接では、きびきびとした動作をすること、はっきりした声でてきぱきと話すことが重要です。ノックをして面接室に入り、一礼して椅子の横へ歩き、中央の面接官に向かって自己紹介を行い、座りなさいと言われて着席します。この時、背筋を伸ばすことが必要です。男性は手を体側で伸ばし、後ろ手を組んではいけません。女性は前で手を合わせても構いません。椅子に座る時は膝を揃えて座り、背筋は伸ばします。

質問に答える時は、最初は中央の面接官、質問を受けた場合は質問者に顔を向けて答えます。目をそらして答えると教えられたことを思い出して答えているように取られますので、注意してください。面接官は学部あるいは修士卒の学生が正しい答えをすることを期待してはいませんが、自分の意見を述べることを期待していますので、自信の無い態度を示すのは禁物です。質問に対する対応の速さが必要ですので、結果を恐れず、速やかかつ堂々と答える必要があります。予想しない質問が必ず出てきますが、正しい答えを探そうとすると速やかな応答はできないので、自分の信じるところを素直に述べることです。このような応答の速さは毎日の生活の中で疑問点を速やかに質問する習慣をつけることで身につけることができます。

志望理由や自己アピールは必ず質問されますが、簡潔かつ解りやすく話すことが重要です。話したいことを文章で覚えて行くのではなく、話したい内容のキーワードを選んで面接に臨み、短い文章で順序良く話すといい印象を与えます。日本語は、語尾で意味が変わりますので、語尾は特に正確に発音するようにします。研究内容を尋ねられた場合など、かなり丁寧に説明する必要が生じる時があります。この時、順を追って説明しようとすると途中で持ち時間が切れてしまい、言いたい結論を言えないことがあります。時間的に余裕がある場合も、くどくどと説明すると論点が解らず、印象が弱くなってしまいます。このような場合、結論を先に述べ、時間があればさらに説明を加えることが有効になります。

就職のための面接で自分を取り繕うのは感心しません。面接官は十分な経験を有しているので、短い面接で志望者の本質をつかむことができます。自分の長所も欠点もあるがままに示して結構ですので、企業などへの就職の熱意が伝わるようにします。取り繕った姿で不合格になればまだ良いのですが、合格した場合、自分を偽って勤務を続けることにもなりかねません。あるがままの自分を受け入れることのできる会社に採用されることが幸せな社会生活を送ることにつながります。

面接が終了すると退席を求められますが、最後まで気を抜かないようにします。立ち上がって一礼し、出口に向かい、挨拶して部屋を出てやっと面接が終わります。ここで、礼儀を失するとそれまでの努力がふいになります。

就職試験は予定通りに進行しないものと覚悟して出かける必要があります。採用側は、学生の裸の姿を見たいと考えているので、予定以外の出来事に対する対応を観察しようとします。筆記試験のみということで出かけたところ面接も行われたというのは良く聞きますし、短時間の面接との連絡で出かけたところ、長時間の研究発表をさせられたなどの事例があります。何事も予定通りにはいかないことを覚悟して出かければあわてることはありません。

企業訪問の際、宴会などがセットされている場合もあります、信念を持って対応すれば恐れることはありません。あるがままの自分をアピールできれば結構で、そのために不合格になったとすれば、そこは当の学生にとっては居心地の悪い会社ということです。

就職先については、自分の好みで選ぶべきで、親の好みや社会的評価により決めるべきではありません。最近は転職の自由度が大きくなりましたが、問題がなければ長期間にわたり生活しなければならない職場ですので、自分の希望で決定しなければなりません。給料をもらって社会生活を送るということは、面白いことばかりではありません。逆風が吹いた時に自分で選んだ職場でなければ負けてしまいますので、就職先の最終決断は自分で行う必要があります。

就職先を選ぶ際に、大企業を望むのか、中小企業を望むのか、公務員を望むのか自分の好みで決定してください。大企業は安定しており、待遇も良く、大きな仕事をすることができますが、仕事の一部しか任されないことが多くなります。企業の規模が小さくなるにつれ不安定化し、待遇も悪くなるでしょうが、幅広い業務を担当することができ、任される領域が広くなります。公務員は安定した職場として人気を集めていますが、その分競争も激しくなるので、早い時期から受験勉強を開始する必要があります。自分の適性について考え、どのような社会生活を送りたいと考えているのかについてなるべく早く結論を出し、それに向けて勉学していく姿勢が必要です。

複数の企業から内定を得た場合、どちらに行くか迷う場合があります。選択した企業の良否は一生解らないと考えてください。どれか一つしかその時点では選べませんし、その企業の長所も欠点も中に入ってはじめて解るものですから。この選択はその時点の自分の好みで決定すれば良いことです。決めた道が最善であるものと考え、その環境の中で働く楽しさを見いだして行くことが充実した社会生活を送る秘訣です。

第二章　課外活動の重要性

1　課外活動の持つ意味

大学の教育活動には正規の教育活動と課外活動があります。私は正規の教育活動においては一年生に対する低年次教育を担当したこともありますが、主として三年生に対する専門教育と大学院教育を行っています。私が所属する応用生物科学コース食糧化学工学分野に配属された学生に対して三年前期に「食糧化学」、三年後期に「食糧製造化学」の講義を行っていますが、四年生に進級して学生のうち七名前後が私の研究室に配属され、卒論研究を行います。ここで困ることは、講義で教えた学生達のほとんどが教員の指導に疑いを持たないことです。

講義は確立された事実を中心に教えるので、講義内容に誤りは少ないのですが、研究室で行っている研究は最先端のものほど未知の領域が多く、教員の指導する内容が間違っていることが多いものです。講義中にも、既成事実を丸のみしないこと、すべてに疑いを持って対処することを繰り返し教えているにもかかわらず、研究指導においては指導内容に関して反論することはほとんどありません。他大学から博士前期もしくは後期課程に入学した学生は、出身大学の規範を身につけているので、指導内容について質問することが多く、研究室を活性化する学生が多いようです。

　そこで、以前は毎年一名は他大学から修士の学生を入学させることにしていましたが、大学院重点化後は他大学からの受験生が増加し、現在では研究室の学生の半分は他大学出身者という状況になっています。

　一方、課外活動は公式に登録されたものについては、部長などの名目で指導教員が選任され、学生の指導、相談にあたっています。私は、平成十三年四月から硬式野球部の部長に就任しましたが、学生達の自主的な活動に感心してしまい、私の研究室にもこのような雰囲気があればというのが第一印象でした。

　後述するように、私自身が小学校の三年から野球をはじめ、野球に勝つために行った工夫が現在の研究手法を確立する上で非常に役立ったことを経験しています。課外活動は学生の体力向上や社会性の獲得に有効であるだけでなく、自主性、決断力、創造力などの総合力を育ててくれます。しかしながら、このような効果はほとんど大学教員には認知されておらず、大学代表として遠征を行う際、部長が署名した遠征届けを受理してくれない教員がおられることは悲しむべきことです。

　大学の教育は記憶力の練磨と知識の増大のみを目的とするものではなく、獲得した知識を活用するための諸能力を具備した一線級の知識人を育成することが重要と考えています。このような全人的教育を行うためには、正規の教育活動のみでは不十分であり、課外活動の積極的な

表3・9　脂質の食品群別摂取構成比

	穀類	豆類	油脂類	魚介類	肉類	卵類	乳類	その他
1980	10.1	8.3	26.8	10.1	20.3	7.6	7.7	9.1
1990	9.1	9.0	27.2	10.1	20.0	8.3	8.3	8.0
2000	8.9	8.6	24.9	10.2	22.6	7.7	8.0	9.1

（%）

脂肪は、糖質およびタンパク質が一グラムあたり四キロカロリーの熱を発生するのに対し、九キロカロリーの熱を発生する効率の良いエネルギー源です。そこで、動物では皮下脂肪としてエネルギーの貯蔵に用いられており、エネルギー不足時には分解されてエネルギー源となります。マラソンのような長時間にわたる運動では脂肪の分解によりエネルギーを供給します。したがって、運動選手は種目に応じた量の皮下脂肪を保持する必要がありますが、過度の蓄積（肥満）は運動能力を低下させます。また、内臓に脂肪が蓄積するといろいろな病気の原因となりますので、脂肪の過剰摂取は避けます。

生活習慣病とよばれる循環器系疾患やがんなどの発症を予防するためには、十八歳以上では脂肪摂取量を摂取エネルギーの二〇から二五%にとどめることが望ましいと考えられています。しかし、表三・五に示したように一九九五年以降は二五%を超えており、危険域にあります。平均値で二五%を超えているということは、二五%を大きく超えて摂取している人がかなりいることを意味しています。もっとも、これは通常の社会生活を行っている人に関する場合で、三〇〇〇キロカロリー以上の熱量を毎日消費している運動選手においては摂取エネルギーの三〇%程度を脂肪で摂取す

機づけの最大のものは負けたくないという意地があったものと思います。ただ、意地だけでは長期間にわたって続けることはできないので、何故このような練習が必要であるのか、どのような成果が期待されるのかについては十分に話し合って実施しました。すなわち、素質と練習量では勝てませんから頭で勝つしかないということで意見の一致を見た訳です。これらの努力は幸い三年夏の甲子園予選における番狂わせにつながり、新チームとしての公式戦初勝利を獲得しただけでなく、熊本県のベスト四の実績をあげることができました。

この結果をもたらした要因の一つに情報活動があります。すなわち、相手チームの各選手の長所、欠点、癖などの情報を収集して利用したことであり、敵に勝つためには己を知ること、さらに敵を知ることが肝要であるという孫子の教えにしたがった訳です。孫子以外にも勝負に関る多くの本を読みましたが、試合に勝つという目的を持って読んでいるので知識としての定着率は教科書よりも高かったのではないかと思います。十分な情報を獲得して仕事をはじめること、数日考えても解らないことはまず実行してみることなど、この時期に覚えた実際的知識は現在の教育、研究活動に大きな影響を及ぼしています。

この時読んだ本で最も参考になったのは野球の関係の本ではなく、太平洋戦争の撃墜王の一人である坂井三郎氏の著書であったのは興味深いことです。『大空のサムライ』（光人社）という本ですが、彼が生き残るために行ったさまざまな修練は野球だけでなく、人生を生きる上で大きな糧となりました。敵に勝つためには先に敵を発見する必要がある訳ですが、昼間から星を探して識別可能にし、常に先手必勝で戦うことができたということは、視力の重要性を物語るものであり、修練次第では奇跡的な視力を獲得できることを学びました。敵機に弾丸を当てるためにはこちらの動きを止める必要があること、敵機の動きを予測する必要があること、攻撃する前に必ず自分の安全を確認することなど、すべて他の分野においても重要な内容がちりばめられていました。

打球の飛ぶ方向を相手の動きで予測すること、確実に処理するためには自分の動きを一瞬停止させる必要があること、捕球動作の直前に送球先の状況を確認しておくことなどの必要性を身をもって体験し、後輩に伝えることができました。これらの技術は後にテニスをはじめたときに非常に役に立ちましたので、球技全般に通じる情報と思いますが、このような情報を全く異なる分野のプロの世界から獲得することができたことは私の視野を広げ、さまざまな分野に興味を示す手助けになったと感じています。

大学

大学では、一年間硬式野球部に在籍しましたが、一年間の練習を終えた春の練習期間中に肩を壊しました。そこで、肩の状況が改善するまで走り込みをやったのですが、走りすぎで両膝に水が溜まり退部する羽目になりました。それまで肘の痛みを覚えたことはありましたが、肩の痛みを覚えたことがなく、自分の肩を過信したのが故障の原因でした。肩の痛みが後部にある場合は回復しますが、前方に移動すると回復はできにくいことを知っていましたので、卒業までに痛みがとれることはないと判断したためです。現在も状況は改善されていないのでこの判断は正しかった訳ですが、マネージャーとして残って欲しいとの要望を振り切って退部したことについては後々まで逃避感を抱いてしまい、それから抜け出すのに数年の期間を要しました。当時はかなり苦しい思いをしたのですが、人間的な成長につながったようで、それ以降の勉学において自分を鍛え直すための強い推進力となったようです。

私は食糧化学工学科の六回生で、学科創設から間がない時に進級しています。当時の食糧化学工学科は遅くまで実験が行われるということで人気がありませんでした。四年生に上がる際、やはり忙しいということで最も人気のなかった食糧化学研究室への配属を希望した理由も、最も厳しい所で自分の可能性を見つめ直す必要を感じたからです。大学院に進学し、博士号を取得し、アメリカ留学、医学部での助手生活を経て食糧化学工学科の教員に採用され、現在に至っていますが、野球部退部という事件がなければ別の道を歩いていた可能性が強かった訳です。

野球をやめた後はテニス、ソフトボール、山歩き、ジョギングなどで汗をかいてきた訳ですが、肩と膝の痛みは消えることはなく、目一杯体を動かすことはできないままスポーツを楽しんできました。このように、思うように体を使えない状況でスポーツをやっていますと、制限状態のなかで勝つ工夫を考えるようになりました。ここでも高校での苦労が役に立つ訳で、自分のやれる範囲内で特長を出すすべを身につけることができました。この経験は、スポーツに勝つだけでなく、科学研究や学生指導にも活用できる知識として定着し、その後の研究者および教育者としての幅を与えてくれました。

食糧化学工学科は現在の応用生物科学コース食糧化学工学分野ですが、毎年講座対抗のソフトボール大会を行っています。私が四年生に入った頃の食糧化学教室は総勢二十名に達していませんでしたが、教員も大学院の先輩にもソフトボール巧者がおり、気楽に出場したソフトボール大会で全学優勝するという状況にありました。翌年に修士二年生の三名のメンバーが卒業したため、このメンバーに匹敵するチームはできませんでしたが、博士過程終了までの五年間はほとんど負けたことはありませんでした。実力的には強い研究室もありましたが、われわれの研究室では自分の役割をはっきり認識して戦っていたことが強味でした。高校時代に考えた勝つための工夫は素人が専門家と対等に戦う方法でしたので、講座対抗のソフトボール大会はそれを適用するのに最適の機会でした。

もう一つ面白い実践をしたのは、アメリカに行く前の夏に町内のママさんバレーの監督経験です。町内対抗にはじめて出場するので監督をして欲しいと頼まれたのですが、ほとんどがはじめてバレーボールをやるような状況で、人数もやっと揃う状況でした。何回か練習試合をやったのですが、まるで勝てません。幸いなことに、相手チームも上手な人ばかりでチームを作っている訳ではなく、必ず守りの穴があることが解りました。週に一、二回の練習で、一ヶ月程度の期間しかありませんので、すべての技術を練習しても無駄でしたので、サービスとサーブレシーブの練習に集中して時間を使うことにしました。最初の攻撃であるサービスでできる限り点をかせぎ、相手の攻撃は我慢強くつないで相手のミスを待つ方法を取らざるを得なかった訳ですが、このやり方で優勝してしまったのには驚きました。教える必要のない上手な人がいたことが幸いしましたが、明らかに実力が上のチームにも勝つことができたので、レベルの低い所では戦い方を工夫することによりどうにかなるものだということを実感しました。

これらの経験は、工夫次第ではどうにかなるものだという実感を与えてくれました。

硬式野球部長として

九州大学硬式野球で部長および監督を務められてきた山崎信行教授が二〇〇一年春に退官され、その後任として野球部長に就任することになりました。次頁の「九州大学硬式野球部長への就任にあたって」は部報に掲載した就任の弁を採録したものです。九州大学で野球をやるということは、プロへの道をめざすものではなく、限られた人材と練習時間を使って、総合力では優れている私立大学の野球部に勝つためのシステムを作ることが必要です。指導的立場にある学生達は、大学院の学生と比較しても見劣りしないほどの熱意と工夫を持って練習に取り組んでおり、彼らの個性を伸ばすことは非常に楽しい作業です。

九州大学にとって最も必要なことは、トップに立ちたいという意欲を持つことであり、九州の最高学府として自己満足に陥るべきではないと考えています。勉学と課外活動を両立することはかなりの困難をともないますが、それだけに目標を達成した時の満足感は大きいものがあります。

この成功体験は、社会に出た後の活動に大きな自信を与えてくれます。今後は、学生たちに課外活動を推奨し、自分の可能性を試す機会を与えるとともに、その活動を支援していくことを通じて学生の独創性を発揮させる手伝いができればと考えています。

九州大学硬式野球部長への就任にあたって

私は、昭和四十五年に九州大学農学部に入学し、一年間硬式野球部に在籍しましたが、春の合宿で肩を壊し、その後の走り込みで両膝を痛めたため、新一年生の入部を見ることなく退部しています。そのような状況でしたので、私は硬式野球部のＯＢとはいえず、山崎先生から後任として野球部長をやってもらえないかと言われた際にはお引き受けすることをためらいました。しかしながら、部員の相談にのるためには野球経験者が必要であると強く勧められ、とうとう口説き落とされた次第です。

この春のオープン戦を何試合か見せてもらい、リーグ戦も土日開催の試合にはベンチに入らせてもらいましたが、予想以上に部員のレベルが高いこと、児島監督が非常にいい雰囲気で指揮をとっておられることが解り、私でもなんとか部長が務まるかと思いはじめたところです。練習メニューの作成・実施、試合後の反省会など、部員同士が活発に発言し、その内容も当を得ているものが多く、彼らが自分の頭で考えながら練習を行い、試合に臨んでいることを頼もしく思った次第です。

野球部員の数も多く、各高校の中心選手を集めてチームを編成することができる九州国際大学や福岡大学などのチームと対等の試合を行うためには、多くの苦難を乗り越えていく必要がありますし、それなりの工夫をしていかねばなりません。私は、小学校三年に野球をはじめ、大学で肩を壊すまで野球を続けましたが、受験校である熊本高校で野球をしていた頃、試合に勝つために何をなすべきかについて多くのことを考えさせられました。そこで学んだものは、自分自身を知ること、チームのレベルを知ること、さらには相手チームを知ることにより、総合力では優れたチームに勝つことも可能であるということでした。このような野球生活で学んだことは、現在の教員生活あるいは研究生活に大きく寄与しており、自分が置かれた環境を最大限に活用することが社会的に認められる仕事を達成するために非常に重要であることを体験してきました。

これから何年にもわたって学生達と付き合っていくことになりますが、野球を題材にし、より良い人生を送るためのノウハウを部員達に伝えることができればと思っています。技術指導は児島監督がきっちりやっておられますので、私の方は学生達が野球に専念できるように支援したいと考えています。すでに部員達の間に芽生えている、考える野球への取り組みを積極的に支援し、個性的な人間形成の手助けをしたいと考えています。私は、今年やっと五十歳になるところで、至らない点も多々あるかと思いますが、野球部ＯＢの方々のご支援をよろしくお願いして新任の挨拶と致します。

就任三年目の二〇〇三年は、大きな収穫の得られた年でした。秋のシーズンでは三名の打者が打率十傑に入り、二名がベストナインに選出されました。さらに、埜村和孝投手は投手部門のベストナインに加え、このシーズンの敢闘賞を授与され、二〇〇三年度の九州六大学の最優秀選手として大学野球連盟の部員表彰を受けました。

この栄誉は、チームメートの協力によって得られたものであり、彼一人の努力で達成されたものではありません。しかし、投手として実績を残しはじめた時期に肋骨疲労骨折で投球できなくなり、再発の恐怖と戦いながら戦列に復帰してきた彼の努力は課外活動の中でしか得られない貴重な体験であったと思います。復帰してからの投球は、それ以前の力に頼ったものではなく、頭脳的な投球で私立大学の一流打者を手玉に取るようになりました。これは疲労骨折という大きな障害を乗り越えて初めて開けた世界であると思います。

彼の成長は、不利な環境で勝つための努力を行うことが、大きな人間的成長につながることを実証してくれたものと考えています。

この三年間で、いろいろな部員に出会うことができましたが、それぞれの学年でリーダーとして働く部員は大学院の学生にも優るリーダーシップを発揮してくれました。彼らはチームを統括し、その役割を確実に果たすためには自分の頭で考える必要がありますし、その戦略を実行するためには部員を動かす必要があります。このような能力は、学部の講義および実習ではほとんど磨かれることはなく、課外活動を通じてはじめて身につくものです。私も、ものの考え方や学生との対し方などについて彼らから多くのことを学びつつあります。課外活動の重要性について、学生および教員にもっと理解していただきたいと考えています。

第三章　食事と運動

1　健康を保つために

いい仕事をするためには健康が第一です。充実した学生生活を送るためだけでなく、社会人としての責務を果たすためにも正しい食生活と運動の習慣をつけてください。ここでは、一般学生と運動選手を対象として、食事の摂り方について説明します。

健康を保つためには、好き嫌いせず、バランスのとれた食生活を行うこと、過食しないこと、生活のリズムを崩さないこと、適度な運動を行うことが重要です。生協食堂での食事を中心に食生活を組み立てることによりバランスの取れた食生活を行うことができますが、いつも生協で食事を摂ることもできないと思います。外食、自炊などの機会も多いと思いますので、必要十分な栄養的知識を持って正しい食生活を行うようにしてください。

肥満は健康の大敵で、さまざまな生活習慣病を引き起こす原因になります。肥満の判定は、**Body Mass Index(BMI)**によって行われていますが、その算出は体重（kg）を身長（m）の二乗で割ることにより行います。**BMI**が一八・五以下を低体重（やせ）、二五・〇以上を肥満としています。表三・一に日本人の身体状況を年齢別に示しました。二十代では肥満者の割合は男女ともに大きなものではありませんが、三十代になると急増します。二十代で問題なのはむしろ女性の低体重者が多いことで、痩身願望の行きすぎで不健康な体にならないように気をつけなければなりません。

減食による体重低下は筋肉の喪失をもたらします。筋肉が減少すると基礎代謝が低下しますので、少ない食事でもカロリー過剰が生じ、脂肪が蓄積されることになります。その結果、低体重ではあるが、高い体脂肪率を有する最も病気になりやすい体になってしまいます。このような人は、適度な運動とバランスの取れた食事を行うことにより筋力の回復をはかる必要があります。

肥満になると血圧が上昇し、血清中のコレステロールや中性脂肪の濃度もあがり、循環器疾患で死亡する確率が上昇します。表三・二に日本人の高血圧者の割合を年齢ごとに示しました。正常血圧は最高血圧が一三〇ミリ水銀未満で、最低血圧が八五ミリ水銀未満です。正常高値血圧は最高血圧が一三〇―一三九ミリ水銀で最低血圧が八五―八九ミリ水銀、軽症高血圧は最高血圧が一四〇―一五九ミリ水銀で最低血圧が九〇―九九ミリ水銀、中等症高血圧は最高血圧が一六〇―一七九ミリ水銀で最低

表3・1　日本人の身体状況（平成13年調査結果）

年齢	肥満者（BMI25以上）		やせ（BMI18.5以下）	
	男（%）	女（%）	男（%）	女（%）
20－29	18.1	7.3	7.7	20.0
30－39	29.0	14.1	2.6	16.0
40－49	31.8	17.2	3.8	6.3
50－59	31.6	24.9	2.9	5.2
60－69	31.3	28.8	4.0	6.8
70以上	21.0	30.5	9.7	10.1

BMI＝体重 kg/（身長 m）^{2}

表３・２　日本人の血圧（平成13年調査結果）

年齢	高血圧者総計		軽症高血圧		中等症高血圧		重症高血圧	
	男(%)	女(%)	男(%)	女(%)	男(%)	女(%)	男(%)	女(%)
全体	44.8	32.0	25.7	15.9	9.2	5.7	3.0	1.8
15－19	2.2	0.7	2.2	0.7	0.0	0.0	0.0	0.0
20－29	11.5	1.0	9.2	1.0	2.3	0.0	0.0	0.0
30－39	19.3	6.4	15.1	4.5	3.5	1.3	0.4	0.7
40－49	39.2	17.9	27.1	10.2	5.6	4.6	4.2	1.2
50－59	49.1	38.4	28.0	24.1	11.1	6.6	3.3	1.9
60－69	61.5	50.1	38.6	26.2	14.5	9.6	3.6	3.8
70以上	64.2	59.7	34.5	32.7	18.3	14.0	5.6	3.8

血圧が一〇〇―一〇九ミリ水銀、重症高血圧は最高血圧が一八〇ミリ水銀以上で最低血圧が一一〇ミリ水銀以上です。

二十代では男性で軽症および中等症高血圧患者が合わせて一一％程度見られるだけですが、年齢が上がるにつれ急速に高血圧者の割合が増加します。このような変化は、食事と運動に気をつけることにより防ぐことができます。

表三・三に日本人の運動習慣者の割合を示しました。ここでいう運動習慣者とは、週二回以上、三〇分以上の運動を、一年以上続けている人を意味します。全体では男性で約三〇％、女性で約二七％の人が定期的に運動を行っています。男性では三十代から四十代にかけて運動習慣者の割合が低下しますが、五十代から増加してきます。女性では二十代と三十代が最も運動習慣者が少なく、年齢が上がるにつれ運動に親しむようになります。これは、男女共に体の老化を防ぐためには運動が必要なことを認識しているからです。運動は体の働きを維持するためにも重要ですが、気分転換を通じて頭の働きも活性化するので、忙しい時期でも運動を欠かさないよ

表3・3　日本人の運動習慣者と喫煙習慣者の割合（平成13年調査結果）

年齢	運動習慣者（％）		1日歩行数		喫煙習慣者（％）	
	男	女	男	女	男	女
全体	29.7	27.1	7797	7168	45.9	9.9
20－29	30.4	15.1	8775	7626	58.9	16.1
30－39	21.4	15.5	8551	7528	58.1	16.0
40－49	17.8	21.5	8353	8235	58.4	11.7
50－59	28.9	31.7	8078	7640	49.6	9.7
60－69	39.5	38.1	7529	7168	35.9	6.5
70以上	35.1	31.9	4916	4260	29.0	3.4

うに気をつけることが充実した社会生活を送ることにつながります。一日の歩行数は一万歩が推奨されていますが、そこに到達するのはなかなか困難なようです。

喫煙は気分転換に役立つ以外は健康に貢献することはありません。男性の喫煙者数は減少する傾向にありますが、女性の喫煙者数は増加する傾向にあります。喫煙の習慣はなかなか止めることができないので、その習慣を付けないことが重要です。

健康の維持における運動の意義は大きなものがあります。低年次の体育関連の講義および実習を必修課目から外したいとの要望が出ていますが、これは学生の健康を維持する必要最低限の知識の付与を行うものであり、全員に受けさせたい講義です。学生諸君も健康こそ勉学を行う活力であることを意識し、学生生活への運動の取り入れを積極的に行ってください。

運動選手にとっては、体力作りは非常に重要なものであり、体力および目的に適合したトレーニングの実施と必要な栄養分の摂取が重要です。野球選手の場合、腕と脚の筋肉をつけることが重要ですが、それと同時に骨の強度を上げておく必要があります。筋力向上および骨の発育には運動負荷が必要ですが、過度の運動は筋肉、骨、関節の故障をもたらします。けがや故障を防ぐためには、疲れにくく、回復の早い体を作ることが必要となります。また、球技選手においては視力を向上させることが望ましく、少なくとも視力の低下を防ぐことが必要です。これらの目的のうち、かなりの部分は食生活の改善により達成可能です。

体育サークルに所属する学生は余分にカロリーを摂取する必要があります。たとえば、大学野球部においては投手の消費エネルギーは三四三六キロカロリー、捕手、内野、外野の消費エネルギーは平均して三〇〇九キロカロリーであるという調査結果が出ています。エネルギー摂取が不足すると疲れやすくなり、けがの原因になります。また、筋力向上も期待できません。一方、過剰にエネルギーを摂取すると脂肪の蓄積につながり、体が重くなり、運動能力の低下をもたらします。

運動の種類により必要とされるエネルギーと栄養分の内容が違います。また、各人強化すべき筋肉や栄養成分も異なります。それぞれに合った栄養の摂り方を考えてください。

食品成分の働きは三つに分類されており、その栄養的な機能を一次機能、おいしさ（嗜好性）に関する機能を二次機能、健康の維持に関係する体調調節機能を三次機能と呼んでいます。表三・四に示したように、食品成分はさまざまな体調調節機能を持っているので、その働きを良く理解し、正しく用いるようにします。ここに示した体調調節機能が科学的に解明され、安

表3・4　食品成分の体調調節機能

体調調節機能	用途（食品成分）
生体防御作用の強化	免疫増強作用（食物繊維）。制癌作用（食物繊維、不飽和脂肪酸、抗酸化成分）。
疾病の予防と回復	フェニルケトン症（低フェニルアラニン食品）、糖尿病、高脂血症、高血圧、アレルギー等の予防（食物繊維、不飽和脂肪酸、抗酸化成分）。
生体リズムの調節	ホルモン作用。抗環境ホルモン作用（イソフラボン）。
肥満の防止	消化阻害（消化酵素阻害剤）。エネルギー消費促進（共役リノール酸、カラシ中のカプサイシン）。食欲抑制物質。低カロリー食品（食物繊維、オリゴ糖、糖アルコール）。非消化物質。
老化の抑制	活性酸素の除去、酸化抑制（抗酸化成分）。ビフィズス因子（食物繊維、オリゴ糖、糖アルコール）。

全性についても情報が提出されたものが特定保健用食品で、正しく利用すれば健康の維持に役立ちます。

いわゆる健康食品は、その効能および安全性に十分な情報が得られていないものが多いので、それを利用する場合は自分の体調管理を怠らないようにしてください。生理活性の強いもの程副作用がでる確率が高いものですが、健康食品の信奉者は特定の健康食品に強く依存する傾向があり、副作用の発現頻度が高くなる傾向にあります。

ビタミンやミネラルを補給するサプリメントも、正しく利用すればわれわれの食生活の欠陥を補ってくれますが、頼り切ってはいけません。バランスのとれた食生活と過食を避けることが健康を保つ秘訣であり、健康補助食品はあくまでも補助するにすぎないことを理解してください。

2　糖質の摂取とエネルギー補給

日本人の食生活は、戦後の高度成長期に大きく変化しました。表三・五に示したように、高度成長が開始された一九五五年頃はエネルギーの七八%を糖質から摂っていましたが、年々糖質が占める割合は減少し、一九九五年以降は六〇%を割っています。これはコメ消費量の減少、とくに一食当たりのコメ消費量の減少を反映したものです。それに伴って、タンパク質の寄与度が若干増加しましたが、最も顕著な増加を示したのは脂質の寄与度の増加で、一九五五年から一九七五年にかけて急速に増加しました。この間、アレルギー患者の増加、循環器疾患や欧米型のがんの発生率が増加するなどの変化が起こりました。

表3・5　エネルギーの栄養素別摂取構成比

西暦	糖質	タンパク質	脂質
1955	78.0	13.3	8.7
1965	72.1	13.1	14.8
1975	63.1	14.6	22.3
1985	60.4	15.1	24.5
1995	57.6	16.0	26.4
2000	57.5	15.9	26.5

(%)

表三・六にエネルギーの食品群別摂取構成比を示しましたが、米類の摂取の減少が一九八〇年以降も続いていることが解ります。コメを中心とした日本食は、欧米では健康食として注目されており、米飯食はどのような副食にも適合しやすいことからバランスのとれた食生活を行うためには最適の形態です。一人暮しで和食中心の食

表3・6　エネルギーの食品群別摂取構成比

西暦	米類	小麦他	いも類	油脂類	豆類	動物性食品	その他
1980	37.6	10.7	2.4	6.5	4.5	20.8	17.5
1990	34.5	11.0	2.5	7.1	4.9	23.2	16.8
2000	29.0	12.3	2.6	6.8	4.8	25.0	19.5

（%）

生活を行うことは簡単ではありませんが、正しい食生活は健康維持の原点ですので、努力する価値は大きいと思います。

現在でも、エネルギーの半分以上はでんぷんなどの糖質から供給されていますが、タンパク質および脂質もエネルギー供給源として働いています。過剰に摂取した糖質は脂肪として蓄積され、脂肪太りの原因となるので注意してください。糖質はトリカルボン酸回路（TCAサイクル）に入ってアミノ酸や核酸成分に代謝され、われわれの体を作るのに役立ちますが、この反応が正常に行われるためにはビタミン類が必要です。糖質の有効利用には、ビタミンB群を同時に摂取する必要がありますが、ほとんど糖質のみからなる菓子類は脂肪の蓄積に糖質が使われるのでとくに注意が必要です。間食が必要な場合、牛乳や果物のような栄養バランスのとれたものを一緒に摂るようにしてください。

糖質の代謝には、酸素を使わずにグルコースを分解して有機酸をつくる嫌気的な過程と、酸素を使って炭酸ガスと水に分解する過程があり、エネルギーの産生はほとんど後半の過程で行われます。前半の反応は急激に行われる無酸素運動のエネルギー供給源にもなっており、筋肉に貯えられたグリコーゲンを乳酸に分解する過程でエネルギーを引き出します。その結果、グリコーゲンや血中のグルコースは急速に消費されます。

血中のグルコースが減少すると脳の働きが低下して集中力を失い、けがの原因になります。また、乳酸の蓄積は筋肉疲労をもたらします。したがって、練習中および試合中には消化に負担をかけない形で糖分を補給する必要があり、いわゆるスポーツドリンクにはグルコースが添加されています。オレンジジュースなどに含まれる有機酸はグリコーゲンを分解して乳酸が生成するのを阻害し、疲労しにくくするといわれており、運動選手の食事に取り入れられています。

スポーツドリンクを日常的に飲料として利用するとカロリーの摂り過ぎをもたらすので注意してください。ビタミン類やアミノ酸も含まれているので、糖質が中心のソフトドリンクより栄養バランスに富んでいますが、その分カロリーが高くなります。ソフトドリンクは安定剤としてリン酸化合物が添加されていることが多いのですが、リンを摂り過ぎるとカルシウムの排泄が促進され、骨や歯を弱くするので注意します。

後半の酸素を使って糖分解物を燃焼させる過程は、有酸素運動と呼ばれる長時間にわたる運動にエネルギーを供給しており、乳酸の蓄積は起こりません。この場合、体の隅々まで酸素を供給する必要があるので、血液の流れを良くすることと酸素を運ぶヘモグロビンのレベルを上げておくことが必要となります。

動物脂肪に多い飽和脂肪酸は動脈硬化を促進し、植物油や魚油に多い不飽和脂肪酸は抑制するとされています。とくに魚油に含まれるエイコサペンタエン酸（ＥＰＡ）は血液の凝固を防ぐ効果もあり、循環器疾患予防効果が高いとされています。血中ヘモグロビンのレベルを上げるためには、赤血球を増やし、ヘモグロビン合成を行わせるためにタンパク質の摂取が必要ですが、ヘモグロビンの重要な成分である鉄もあわせて補給する必要があります。

脳へのエネルギー供給は専らグルコースにより行われるので、血液のグルコースレベルが低下すると頭の働きが低下します。したがって、頭を使う場合はグルコースの供給を心がけてください。夜食には糖質中心の消化の良いものを摂ってください。ショ糖（砂糖）を主成分とする餡でグルコースを補給しても良いのですが、同時にビタミンＢ群を補給しないと糖代謝がうまく行きませんので、精製した食品は好ましくありません。砂糖であれば黒砂糖を用いたもの、食品であれば果物、ジュースなどの糖分含量が比較的高く、ビタミンにも富むものが良いでしょう。ラーメンのように、脂肪分の高い食品は消化に血液を取られるので、脳に血液が回りませんし、熟睡できなくなるので夜食には不向きです。

３　タンパク質の摂取

タンパク質は消化管でペプチドおよびアミノ酸に分解されて吸収され、一部はエネルギー源としても消費されますが、残りは体タンパク質の合成に使われます。人間の体を作るタンパク質は約二十種のアミノ酸から構成されていますが、そのうち九種のアミノ酸は人間では十分に

表3・7　食品タンパク質の必須アミノ酸組成[1]、タンパク価

タンパク質	イソロイシン	ロイシン	リジン	フェニルアラニン	含硫アミノ酸	トレオニン	トリプトファン	バリン	タンパク価
標準タンパク質	0.270	0.306	0.270	0.180	0.270	0.180	0.090	0.270	100
鶏　卵	0.428	0.565	0.396	0.368	0.342	0.310	0.106	0.460	100
牛　乳	0.407	0.630	0.496	0.311	*0.211	0.292	0.090	0.440	78
牛　肉	0.332	0.515	0.540	0.256	0.237	0.275	*0.075	0.345	83
魚肉（平均）	0.317	0.474	0.549	0.231	0.262	0.283	*0.062	0.327	70
米	0.332	0.535	0.236	0.307	0.222	0.241	*0.065	0.415	72
とうもろこし	0.351	0.834	*0.178	0.420	0.205	0.223	0.070	0.381	66
小麦粉	0.262	0.442	*0.126	0.322	0.192	0.174	0.069	0.262	47
大豆粉	0.333	0.484	0.395	0.309	*0.197	0.247	0.086	0.328	73

[1] タンパク態窒素1g当たりのアミノ酸g数。＊制限アミノ酸。

合成ができないため、食品から摂る必要があり、必須アミノ酸と呼ばれています。

表三・七に主な食品タンパク質の必須アミノ酸組成とタンパク価を示しました。タンパク価は、タンパク質の必須アミノ酸組成の充実度を示すもので、数値が高いものの程栄養価が高いと考えてください。制限アミノ酸は最も不足の程度が著しい必須アミノ酸で、食品を組合せて摂取することにより必須アミノ酸のバランスを適正にします。

一般に、動物タンパク質は必須アミノ酸をバランス良く含んでおり、植物タンパク質より栄養価が高いとされています。卵は必須アミノ酸の組成が理想的であり、もっとも有効なタンパク源とされています。牛乳はイオウを含む含硫アミノ酸が不足するのでタンパク価が七八に低下しますので、含硫アミノ酸のレベルが高い鶏卵と組合せるとバランスの良い食事を摂ることができます。

和食の中心であるコメと魚肉はいずれもトリプトファ

表3・8　タンパク質の食品群別摂取構成比

	米類	小麦類	豆類	魚介類	肉類	卵類	乳類	その他
1980	19.3	8.3	8.3	24.0	15.2	5.8	4.7	14.4
1990	17.0	7.9	8.9	23.7	16.4	6.6	5.4	14.1
2000	13.9	8.8	8.7	23.0	18.0	6.3	5.7	15.6

（％）

ン含量が低いことが解ります。十分なトリプトファン含量を有する食品タンパク質は鶏卵と牛乳だけですが、大豆タンパク質も比較的高いトリプトファン含量を有しています。コメタンパク質はリジン含量も低いのですが、大豆タンパク質はリジン含量が高く、コメタンパク質の不足を補ってくれますが、いずれも含硫アミノ酸が少ないので、鶏卵を食卓に取り入れる必要がある訳です。このように、アミノ酸のレベルを揃えるだけでもいろいろな食品をバランスよく摂取する必要があります。ビタミン、ミネラル、食物繊維などもバランス良くとるためには偏食するわけにはいきません。

表三・八にタンパク質の食品群別摂取構成比を示しました。米類からの摂取は減少傾向にあり、小麦などの穀類、肉類および乳類からの摂取が増加傾向にあります。魚介類の摂取は比較的安定した状況にありますが、若干減少しています。

卵はコレステロールを多く含むので動脈硬化を引き起こす可能性があることから血清コレステロール濃度の高い人は卵の摂取を抑えるように指導されていました。しかし、現在では肝臓で合成されるコレステロールの方が多いこと、食事から摂取するコレステロールを制限すると肝臓のコレステロール合成が促進されることが解り、卵やイカなどの高コレステロール食品の摂取を制限することは少なくなりました。卵は少なくとも一日に一個、できれば二個はとるようにしたいものです。

牛乳も良いタンパク源であり、骨を作るのに必要なカルシウムも多く含んでいるので、スポーツ選手の食事にも積極的に取り入れられています。しかし、同時に動物脂肪を摂取することになるので、エネルギーの過剰摂取をもたらす可能性があります。牛乳を一日に二リットル前後飲用してエネルギー摂取が過剰となり、運動能力がかえって低下した例が報告されています。牛乳の摂取は一日に一リットル前後にとどめるべきでしょう。現在、狂牛病が問題となっています。内臓および神経組織は危険ですが、肉や牛乳はプリオンが存在する確率は低いとされていますので、牛肉および牛乳の摂取にあまり気を遣う必要はないでしょう。

大豆製品も良いタンパク源になりますが、若干消化が良くないのが難点です。豆腐は大豆の水溶性タンパク質を固めたもので、消化性が良い大豆タンパク質製品です。納豆は大豆タンパク質を納豆菌で分解したもので、タンパク質栄養をアミノ酸の形で摂取することができ、タンパク質以外の大豆の栄養成分もあわせて丸ごと摂取できます。また、納豆菌が生産したビタミン類はビタミン補給に役立ちますし、血栓溶解酵素ナットーキナーゼも血液の滞りをなくします。納豆は一食単位で包装した製品も市販されているので、ぜひ食卓に取り入れたい食品です。

4 脂質の摂取

表３・９　脂質の食品群別摂取構成比

	穀類	豆類	油脂類	魚介類	肉類	卵類	乳類	その他
1980	10.1	8.3	26.8	10.1	20.3	7.6	7.7	9.1
1990	9.1	9.0	27.2	10.1	20.0	8.3	8.3	8.0
2000	8.9	8.6	24.9	10.2	22.6	7.7	8.0	9.1

（%）

脂肪は、糖質およびタンパク質が一グラムあたり四キロカロリーの熱を発生するのに対し、九キロカロリーの熱を発生する効率の良いエネルギー源です。そこで、動物では皮下脂肪としてエネルギーの貯蔵に用いられており、エネルギー不足時には分解されてエネルギー源となります。マラソンのような長時間にわたる運動では脂肪の分解によりエネルギーを供給します。したがって、運動選手は種目に応じた量の皮下脂肪を保持する必要がありますが、過度の蓄積（肥満）は運動能力を低下させます。また、内臓に脂肪が蓄積するといろいろな病気の原因となりますので、脂肪の過剰摂取は避けます。

生活習慣病とよばれる循環器系疾患やがんなどの発症を予防するためには、十八歳以上では脂肪摂取量を摂取エネルギーの二〇から二五%にとどめることが望ましいと考えられています。しかし、表三・五に示したように一九九五年以降は二五%を超えており、危険域にあります。平均値で二五%を超えているということは、二五%を大きく超えて摂取している人がかなりいることを意味しています。もっとも、これは通常の社会生活を行っている人に関する場合で、三〇〇〇キロカロリー以上の熱量を毎日消費している運動選手においては摂取エネルギーの三〇%程度を脂肪で摂取す

表3・10　不飽和脂肪酸の所在と性質

脂肪酸	所在および性質
オレイン酸	一般動植物油中に存在。動物細胞増殖促進効果を有する。
リノール酸	サフラワー油等の植物油に含まれる必須脂肪酸。血清コレステロール低下作用、動脈硬化の進行抑制作用を有する。
γ－リノレン酸	天然では母乳や月見草などの植物種子油中に存在する必須脂肪酸。血清コレステロール低下作用、アトピー性皮膚炎の軽減、月経前症の軽減、アルコール代謝促進作用などが報告。
アラキドン酸	脳、卵黄レシチン、肝臓などに含まれる必須脂肪酸。生体調節に深く関与し、I型アレルギーを促進するとされている。
α－リノレン酸	しそ実、えごま等の植物油に含まれる必須脂肪酸。血清コレステロール低下作用、乳癌および大腸癌予防効果、血小板凝集抑制、抗アレルギー作用などが報告。
エイコサペンタエン酸（EPA）	魚油、副腎脂質に存在。中性脂肪値低下作用、コレステロール低下作用、血圧低下、血小板凝集能の低下、血液粘度の低下、赤血球変形能の増加、癌（乳癌、大腸癌、前立腺癌）抑制作用、抗アレルギー作用などが報告。
ドコサヘキサエン酸（DHA）	魚油、魚肝油中に存在、抗アレルギー作用が報告。

ることも必要になってきます。

表三・九は脂質の食品群別摂取構成比を示していますが、一九八〇年以降は大きな変化はありません。油脂類および肉類からの摂取が多く、魚介類、卵類、乳類からの摂取がそれに次いでいます。

脂肪は動物脂肪、植物脂肪、魚油でそれぞれ成分が異なっており、働きが違います。脂肪の摂取はこれらの脂肪をバランス良く摂ることが望ましく、動物脂肪五、植物脂肪四、魚油一の比率で摂取することが望ましいとされています。

表三・一〇に示したように、植物脂肪および魚油に多い不飽和脂肪酸はいろいろな生理作用を持っています。摂り過ぎに気をつける必要はありますが、いろいろな食品からバランス良く脂肪を摂取するようにしてください。

不飽和脂肪酸の難点は、酸化されやすいことにあります。不飽和脂肪酸が酸化されると、食品の品質が低下するとともに、生体内に生じた脂質酸化物はいろいろな病気の原因になり、老化を促進します。そこで、脂肪を摂取する場合にはビタミンEやビタミンCなどの抗酸化活性を持つビタミン類や茶ポリフェノールやフラボノイドなどの抗酸化成分をあわせて摂る必要があります。これらの成分は、野菜、果物、茶飲料などに含まれているので、副食物として摂取してください。

5 ビタミンの摂取

脂溶性ビタミン

ビタミンおよびミネラルは体の働きを整えるために欠かせないものです。人間の体内で起こるさまざまな反応は酵素により行われていますが、ビタミン類およびミネラルの一部は補酵素としてこれらの酵素反応に重要な役割を果たしています。ビタミン類は脂溶性ビタミンと水溶性ビタミンの二種類があり、脂溶性ビタミンにはビタミンA、D、E、Kがあります。表三・

表3・11　脂溶性ビタミンの生理活性、欠乏症および過剰症

ビタミン	生理活性	欠乏症	過剰症
ビタミンA	成長、生殖、感染予防、上皮組織正常化、視覚の正常化作用	成長停止、生殖不能、感染症への抵抗力低下、暗順応低下、夜盲症、失明	吐き気、嘔吐、目眩い、皮膚の乾燥
ビタミンD	Caの吸収と骨・歯への沈着・石灰化の促進、細胞分化促進作用	くる病（小児）、骨軟化症（成人）、骨粗鬆症（老人）	食欲不振、体重減少、嘔吐、不機嫌、組織石灰化
ビタミンE	脂質の酸化防止、細胞膜・生体膜の機能維持作用	神経機能低下、筋無力症、成人病の亢進、不妊	
ビタミンK	血液凝固促進	出血症、異常トロンビンの出現、止血時間の延長	

一一に脂溶性ビタミンの主な生理活性、欠乏症および過剰症について示しました。

脂溶性ビタミンは蓄積性があるので、毎食必ず摂る必要はありませんが、過剰症の危険があります。ビタミンEおよびKにはまだ過剰症は報告されていませんが、ビタミンAおよびDには過剰症が報告されています。ビタミン剤やサプリメントの摂り過ぎは脂溶性ビタミンの過剰摂取につながるので注意してください。食生活の基本はできる限り加工度の低い食品を中心にし、加工食品、サプリメントは補助的に利用することが得策です。

ビタミンAは成長、生殖、感染予防、視覚の正常化に寄与するビタミンで、不足すると成長停止、生殖不能、感染症に対する抵抗力低下、暗順応低下、夜盲症、失明をもたらします。過剰症は吐き気、めまい、皮膚の乾燥などです。視力の向上に役立つので、スポーツ選手にとっては重要なビタ

ミンです。ビタミンAは動物の肝臓に多いので、レバー料理を食卓に加えると良いでしょう。レバーは各種ビタミン類に富むだけでなく、鉄分の補給にも有効なので、貧血の予防に役立ちます。カロテン類はニンジンや緑色野菜、ミカンなどの果実類に多く含まれており、必要量のみビタミンAに変換されるので、過剰症の危険の少ないビタミンA源です。

ビタミンDはカルシウムの吸収と骨や歯への沈着に働くビタミンで、不足するとくる病、骨軟化症（成人）、骨粗鬆症（老人）を引き起こします。過剰症は食欲不振、体重減少、嘔吐、不機嫌、組織石灰化です。骨の強化は骨折防止に必要であるし、歯の強化は瞬間的な力を出す場合に歯を食いしばることを可能にするので、スポーツを行う上でも重要です。ビタミンD含量の高い食品はカツオ、ウナギ、イワシ、マグロ、卵黄、シイタケなどであり、生シイタケより干しシイタケがビタミンDの含量が高くなっています。これは紫外線によりビタミンDの前駆体がビタミンDに変わるためで、ヒトでも太陽に皮膚をさらすことによりビタミンDが生じます。偏食しない限り運動選手で不足することはまれですが、部屋での仕事が多い人は努めてビタミンDを摂るようにしてください。

ビタミンEは脂質の酸化防止、細胞膜の機能維持作用を有するビタミンで、不足すると神経機能の低下、筋無力症、生活習慣病の進展、不妊をもたらします。過剰症は現在のところ報告されていません。食品では種々の植物油に含まれていますが、動物油脂にはあまり含まれていません。しかし、ドレッシングや食用油に用いられる植物油は高度に精製されており、ビタミンE含量が極度に低下していることが多いので、不飽和脂肪酸の多い植物油は酸化されやすい状況にあります。したがって、ビタミンEを十分に摂取するためには精製されたものではなく、素材を丸ごと使った食品の摂取を心がける必要があります。すなわち、加工食品の使用頻度を減らし、素材が見える料理を努めて摂るようにします。

ビタミンKは血液凝固を促進するビタミンで、不足すると血が止まりにくくなります。植物の葉緑体で合成されるので、キャベツ、ケール、ハナヤサイなどの緑葉に多く、トマトにも多いのですが、果実類にはあまり含まれていません。腸内細菌により合成されるので、不足することはあまりありません。

水溶性ビタミン

水溶性ビタミンの多くは補酵素として生体反応に直接関与します。過剰に摂取した水溶性ビタミンは尿中に排泄されるので、過剰症をもたらす危険性は少ないのですが、食事ごとに摂取する必要があります。表三・十二に主な水溶性ビタミンの生理活性と所要量について示しました。

ビタミンB_1はヒトの脚気や鳥類の神経炎の予防・治療因子として発見されたビタミンで、糖質の利用に重要な役割を演じます。ビタミンB_1が不足すると糖質からエネルギーを生成する反応が正常に行われなくなり、脂肪の蓄積に向かいます。小麦胚芽、乾燥酵母、きな粉、あまの

表3・12　主な水溶性ビタミンの生理活性と所要量

ビタミン	生理活性	欠乏症	成人男子推奨量
ビタミンB_1	抗脚気	脚気	1.4mg／日
ビタミンB_2	成長促進		1.6mg／日
ビタミンB_6	抗皮膚炎		2.0mg／日
ビタミンB_{12}	抗悪性貧血		3μg／日
ビタミンC	抗壊血病	壊血病	60mg／日
ナイアシン	抗皮膚炎	ペラグラ	17mg当量／日
パントテン酸	抗皮膚炎	皮膚炎、脱毛、感覚過敏、歩行障害	4〜7mg／日*
ビオチン	抗皮膚炎	皮膚炎、脱毛、紅斑、成長停止	300μg／日前後*
葉酸	抗貧血	貧血、心悸昂進、息切れ、易疲労性、目眩い、舌炎、口角炎、うつ病	

＊腸内細菌により合成されるので確定していない。

り、豚肉などに多いのですが、とくに多く含む食品はないので、幅広く食品を摂取する必要があります。

ビタミンB_2は成長促進因子として知られています。動物性食品では肝臓、筋肉、乳、卵、チーズなどに多く、植物性食品では胚芽、米ぬか、ピーナツに多く含まれています。

ビタミンB_6は抗皮膚炎因子として知られています。食品中に広く見いだされ、腸内細菌によっても合成されますので、不足は生じにくいようです。

ビタミンB_{12}は抗悪性貧血因子です。ウシ肝臓、ブタ心臓、貝類などの動物性食品に多く、植物性食品には少ないのですが、腸内細菌により合成されるので、欠乏症は起こりにくいとされています。ビタミンB_{12}や葉酸が欠乏すると巨赤芽球性悪性貧血となります。

ビタミンCは抗壊血病因子として発見されました。これは、ビタミンCが組織の強化に働いているコラーゲンの合成に関与するためで、ビタミンCが不足するとコラーゲン合成が抑制され、歯ぐきが弱くなり出血します。コラーゲンは結合組織を形成する重要なタンパク質で、ほ乳類の体タンパク質中で最も多量に存在します。骨、皮、腱、軟骨、骨格筋に多く含まれており、運動に耐える体を作るためには不可欠の体成分です。コラーゲンが熱変性したものがゼラチンです。コラーゲンの合成を高めるためには、ゼラチン質を摂取するとともに、ビタミンCの摂取を心がける必要があります。ビタミンCは抗酸化作用、抗ウイルス作用、発がん抑制作用なども報告されている重要なビタミンです。広く植物界に存在し、柑橘、イチゴ、柿などの果実類、パセリ、コマツナ、ホウレンソウなどの緑黄色野菜、サツマイモ、ジャガイモなどのイモ類、煎茶などに多く存在します。一日にグラム単位でビタミンCを摂取するメガビタミン療法が唱えられていますが、ビタミンCの生理活性発現には一日に五〇ミリグラム程度の摂取量で十分であり、高用量のビタミンC摂取で下痢する場合もあることを覚えておいてください。

その他のビタミン類の中で重要なのはビタミンPです。ビタミンPは、毛細血管の透過性を正常に維持する因子として知られており、フラボノイドと呼ばれる植物成分がその活性を示します。オレンジに含まれるヘスペリジン、ソバに含まれるルチン、タマネギに含まれるケルセチンなどが活性を示します。血管の脆弱化を防ぎ、栄養分の透過を維持することは体を酷使するスポーツ選手にとって重要な意味を持ちます。

表３・13　ビタミン・ミネラル剤の利用状況（平成13年調査結果）

年齢	利用していない		1種類利用		2種類以上利用	
	男(%)	女(%)	男(%)	女(%)	男(%)	女(%)
全体	83.0	76.4	11.4	13.7	5.5	9.9
15－19	93.1	91.0	4.3	6.2	2.6	2.8
20－29	90.6	81.5	6.8	11.1	2.6	7.4
30－39	85.4	80.0	8.9	10.0	5.7	10.0
40－49	86.6	78.5	8.7	13.6	4.7	7.9
50－59	80.8	76.4	12.7	13.9	6.4	9.8
60－69	77.1	66.6	17.3	20.2	5.7	13.2
70以上	74.7	72.3	16.4	15.0	8.9	12.7

表３・14　ビタミン・ミネラル剤の利用頻度（平成13年調査結果）

年齢	ほぼ毎日		週2～5日		週1日以下	
	男(%)	女(%)	男(%)	女(%)	男(%)	女(%)
全体	65.3	67.4	25.6	26.7	9.1	5.8
15－19	58.3	55.2	33.3	31.0	8.3	13.8
20－29	47.2	59.8	41.5	33.0	11.3	7.1
30－39	57.0	59.5	29.0	33.3	14.0	7.1
40－49	56.2	58.2	33.3	34.2	10.5	7.6
50－59	66.1	60.7	27.0	34.3	6.9	5.0
60－69	69.8	75.6	22.5	20.4	7.7	4.0
70以上	77.2	81.3	14.4	13.6	8.4	5.1

ビタミン剤は医薬として用いられており、薬局で自由に購入することができますので、幅広く利用されています。表三・一三にビタミン・ミネラル剤の利用状況について示しましたが、全体で見た場合、一種類利用している人の割合は男性で一一％、女性で一四％、二種類以上を利用している人に割合は男性で六％、女性で一〇％程度です。八〇％前後の人は利用していません。

表三・一四にビタミン・ミネラル剤の利用頻度を示

しましたが、利用者の半数以上は毎日服用しており、週一日以下というのは少数派です。毎日の食生活でどうしても不足するビタミンおよびミネラルの補給に利用するには構いませんが、これらのサプリメントを利用することで安心し、食生活がおろそかにならないよう注意してください。

6 ミネラルの摂取

ミネラルもビタミンとともに体の働きを調節する上で重要な働きをしています。体の重量の四%がミネラルであり、主なミネラルの存在量はカルシウム、リン、イオウ、カリウム、ナトリウム、塩素、マグネシウムの順になっています。

カルシウムは人体に約一キロ含まれ、その九九%が骨と歯に存在しています。残りの一%はタンパク質に結合したり、遊離の形で存在し、筋肉の収縮、血液凝固、神経機能の維持などに働いています。骨および歯の主成分はリン酸カルシウムであり、常に合成と分解が行われていますが、血中のカルシウム濃度が低下すると骨や歯が分解され、血中に放出され、強度の低下をもたらします。また、血中のリン酸濃度が上昇するとカルシウムの血中への放出が起こり、リンとともに尿中に排泄されるので、骨量の低下をもたらします。したがって、食事から十分にカルシウムを摂取するとともに、リンの摂取量についても配慮する必要があります。食品のカルシウムとリンの比率は一～二程度が好ましいのですが、人乳および牛乳で一・一、穀類で〇・一〜〇・二、葉菜類で〇・二、大豆で〇・四、サツマイモで〇・五であり、通常の食生活ではカルシウムの摂取が不足する傾向があります。

一旦低下した骨強度を元に戻すことは困難であり、将来の骨粗鬆症の発症につながるので、カルシウム摂取については特別の注意を払う必要があります。牛乳はカルシウム含量が高いだけでなく、カルシウムとリンの比率が良く、牛乳タンパク質分解物および乳糖がカルシウム吸収を促進するので、非常に良いカルシウム源となります。しかし、牛乳に頼り過ぎると動物脂肪の摂りすぎやエネルギーの過剰摂取につながりますので、小魚類や小エビ類を併用してカルシウムの摂取に努めてください。カルシウム強化飲料が各種市販されていますが、ソフトドリンクには保存料としてリン酸塩が添加されていることが多いので注意が必要です。カルシウム強化飲料ではリンの含量の方が高いケースはないと思われますが、その他のソフトドリンクはなるべく飲まないようにします。

カリウムは人体に約一七〇グラム含まれており、細胞内液中に存在し、ナトリウムとともに体液の酸塩基平衡と細胞の浸透圧を調整しています。神経系の刺激伝達と活動、筋肉の収縮と弛緩、心臓の興奮と収縮、血圧の調節などに関与しており、運動選手にとって摂取を心がけるべきミネラルです。カリウムが不足すると筋肉に痙攣が起こりやすくなります。インゲン、ジャガイモ、コムギなどの植物性食品に多く、牛肉などの食肉にも多く含まれています。ナトリウムは人体に約七グラム含まれており、カリウムとは反対に細胞外液中に存在して酸塩基平衡と細胞の浸透圧を調整しています。ナトリウムは魚介類、海藻類、野菜類、食塩、調味料などから摂取することができ、過剰が起こりやすいミネラルとして知られています。ナトリウムの過剰は血圧を上昇させ、胃がんの発生を促進するので、注意が必要です。カリウムを十分に摂取するとナトリウムが一緒に排泄されるので、過剰症を防ぐことができます。食塩は精製塩ではなく、他のミネラルを含む自然塩を用いることが望ましいとされています。

マグネシウムは人体に約二五グラム含まれており、大部分は骨に存在しますが、筋肉や血液中にも存在します。骨や歯の形成に必要であるとともに、糖代謝酵素の活性化やタンパク質の合成に関与しています。体温調節、神経の興奮、筋肉の収縮、ホルモン分泌にも影響すると言われており、運動選手に欠かせないミネラルです。穀類、まめ類、野菜類に多く、ピーナツ、エンドウ、コムギ、チーズ、カキ、牛肉、魚肉などから摂取できますし、自然塩からもマグネシウムは摂取できます。

イオウは人体に約一二五グラム含まれており、システインやメチオニンなどの含硫アミノ酸、ビタミンB_1やビオチンなどのビタミン類、胆汁酸、ムコ多糖などの構成成分として重要です。コンドロイチン硫酸はムコ多糖の一種で、軟骨を中心に動物の結合組織に存在しており、関節の動きを滑らかにする働きをもっているので、運動選手の関節における障害を予防します。イオウは、含硫アミノ酸を含むタンパク質から摂取されますが、タマネギやニラなどのユリ科の野菜も含硫化合物を多く含んでいます。

鉄は人体に約四グラム含まれており、赤血球のヘモグロビンや筋肉のミオグロビンの構成成分として酸素の輸送に重要な役割を果たしています。また、エネルギーの生成や活性酸素の除去に働く酵素の構成成分でもあり、運動能力の維持に重要な役割を演じています。海藻類および貝類に多く、コンブ、ナマコ、アサクサノリ、シジミなどから摂取できます。ウシ肝臓やパセリにも多く含まれています。鉄は二価鉄として小腸上部で吸収されますが、三価鉄は吸収されないので、ビタミンCなどの還元剤により二価鉄に還元する必要があります。したがって、鉄とビタミンCを多く含むホウレンソウは鉄給源として優れています。

カルシウムおよび鉄の摂取を目的とした健康飲料が市販されていますが、ビタミンCや動物タンパク質とともに摂取すると鉄の吸収効率が上がるので、これらの健康飲料も食事とともに摂取するようにします。長距離選手では心肺能力を高めるために高地トレーニングを行いますが、過度のトレーニングは貧血を誘発する危険性が高いので、鉄の摂取には十分注意します。

7 食物繊維・オリゴ糖

食物繊維は難消化性の多糖類です。水溶性のものと難水溶性のものがあり、いずれも大腸内に不消化物が存在することにより排便を促進し、便秘予防効果を示します。小腸を通過した消化管内容物は、大腸で腸内細菌による代謝を受け、発がん物質、臭気物質、ガスなどを生成します。排便の促進は、便の消化管滞留時間を短縮することにより、有害物質の生成を抑制することができます。また、食物繊維は多量の水分を吸収して便の円滑な排出を促進するとともに、脂溶性物質を吸着して吸収を抑制し、体外に排出する働きを持っています。大腸で生成する発がん物質の多くは脂溶性ですので、大腸がん、乳がん、肺がんなどの予防に寄与すると考えられています。

また、脂肪の吸収を助けるために分泌される胆汁酸や食品から摂取したコレステロールと結合してその吸収を妨げますが、胆汁酸は肝臓でコレステロールから合成される成分であるので、あわせて血清コレステロール低下効果を示します。水溶性食物繊維と難消化性のオリゴ糖はヒトの消化酵素では分解できませんが、大腸内のビフィズス菌や乳酸菌により分解されて短鎖脂肪酸と呼ばれる短い飽和脂肪酸を与えます。それによってビフィズス菌や乳酸菌の増殖が促進されるとともに、酸の生成により水素イオン濃度が低下して有害菌の増殖を抑制するので、発がん物質などの有害物質の生成が押さえられます。また、短鎖脂肪酸は血液の流れを円滑にする効果があるとされています。したがって、食物繊維やオリゴ糖を摂取することは体調を整えることにつながります。しかし、試合の前日および当日に食物繊維を摂ると下痢を引き起こす可能性があるので、不消化物の摂取を控え、消化の良い食事を摂るようにします。

8 酸性食品とアルカリ性食品

食品は炭素、水素、酸素、窒素の主要元素に加えてイオウ、リン、塩素、ナトリウム、カリ

表3・15　各種食品の酸性度とアルカリ度

酸性食品		アルカリ性食品	
食品名	酸性度(ml)	食品名	アルカリ度(ml)
卵黄	51.83	きゅうり	31.50
卵	24.47	いちじく（乾）	27.81
鶏肉（脂質の多いもの）	24.32	トマト	13.67
塩いわし	17.35	甘藷	10.31
豚肉（中脂）	12.47	かき（貝）	10.25
精白大麦	10.58	かぶ	10.18
そら豆	9.70	にんじん	9.07
さけ（魚）	8.33	ぶどう	7.15
精白小麦	8.32	馬鈴薯	6.71
卵白	8.27	大根	6.06
牛肉（中脂）	8.06	血液	5.43
ハム	6.95	ほうれん草	5.12
バター	4.33	キャベツ	4.02
そば粉	3.77	なし	3.26
えんどう	3.41	人乳	2.25
米（半搗）	3.18	牛乳	1.69
小麦粉	2.66	りんご	0.84
ねぎ	1.09	かぼちゃ	0.28

ウム、カルシウム、マグネシウム、鉄などの微量元素で構成されています。カルシウム、マグネシウム、ナトリウム、カリウムなどのアルカリ元素は血液の水素イオン濃度をアルカリ性に傾けますがリン、塩素、イオウは酸に代謝され、血液の水素イオン濃度を酸性に傾けます。ヒトの体液や血液は中性から微アルカリ性に維持する必要があり、酸性に傾くと疲労の回復が遅れるなどの問題が生じます。そこで、アルカリ元素に富むアルカリ性食品の摂取を心がける必要があります。

アルカリ元素よりリン、塩素、

イオウなどの元素が多い食品を酸性食品といいますが、この区別は食品自身の水素イオン濃度とは関係しません。食品の可食部一〇〇グラムを燃焼させて生じた灰分を中和するのに必要な〇・一〇規定塩酸の量で食品の酸性度を、〇・一〇規定水酸化ナトリウムの量でアルカリ度を示しています。表三・一五に代表的な食品の酸性度とアルカリ度を示しました。酸性食品を摂取する場合には必ずアルカリ性食品を同時に摂取し、血液が酸性に傾かないよう注意してください。

9 食事の摂り方

食生活の基本は消費エネルギーを補うだけの食事を幅広い食品から摂取することにあります。生活に必要なエネルギーは、生活強度別に設定されており、四段階に分けられています。十八～二十九歳では、低いでは男性二〇〇〇キロカロリー、女性一五五〇キロカロリー、やや低いでは男性二三〇〇キロカロリー、女性一八〇〇キロカロリー、適度では男性二六五〇キロカロリー、女性二〇五〇キロカロリー、高いでは男性二九五〇キロカロリー、女性二三〇〇キロカロリーとされています。通常は適度の数値を使いますが、各人の消費エネルギーと摂取エネルギーの違いについては体重の増減を目安にしてください。毎日、同じ条件で体重を測定し、増加している時は摂取エネルギー過剰であり、減少しつつある時は摂取エネルギーが不足しています。

もっとも、体重の増減については小幅であれば気にする必要はありません。過体重の人はゆっくり体重を落とすようにし、決して急いではいけません。無理して落とそうとすると必ずリバウンドがあり、かえって体重が増加します。やせすぎの人は運動で筋肉をつけながら少しずつ体重を増やすことです。

体重より体脂肪率に注意してください。ほとんど運動を行っていない人は、ほとんど筋肉がありませんので除脂肪体重が小さく、体重は少なくても体脂肪率が高い場合があります。このような状況では、筋肉周辺には脂肪の必要がないため、皮下脂肪は比較的少なく、内臓脂肪が多く蓄積していることが多く、最も危険な状況になります。適度な運動により筋肉をつけ、基礎代謝を上昇させ、食べても太らない体を作ることが健康なシェイプアップです。

女子学生の多くは必要以上に痩せたがっているようですが、減食や痩身食品に頼ると健康を損なう原因になります。食物繊維を含む自然食品を多く摂取し、運動と組合せて健康な体を作ってください。女性の場合は貧血と骨粗鬆症の発生率も高くなるので、タンパク質やミネラル摂取について十分に注意してください。とくに骨量は二十代半ば以降増加しないと考えられており、それ以降は低下を遅らせることしかできません。二十代の前半までに骨量をあげておくことが自分自身の健康を保つだけでなく、強い子供を産むことを可能にします。

江戸時代は一日二食が一般的でしたが、現在は三食が標準の食事形態となっています。空腹

表3・16　日本人の欠食状況（平成13年調査結果）

年齢	ほとんど毎日欠食		週2から5回		ほとんど欠食せず	
	男(%)	女(%)	男(%)	女(%)	男(%)	女(%)
全体	11.5	6.5	11.4	9.7	77.1	83.7
15－19	9.8	6.9	11.5	12.5	78.7	80.7
20－29	23.4	13.6	22.9	21.1	53.7	65.3
30－39	20.8	9.3	18.0	15.7	61.3	75.0
40－49	12.0	6.8	12.6	8.6	75.4	84.6
50－59	9.0	5.7	10.2	7.3	80.8	87.0
60－69	4.0	2.9	5.2	4.0	90.8	93.1
70以上	4.5	2.9	2.5	4.5	93.0	92.6

表3・17　日本人の朝食欠食率（平成13年調査結果）

年齢	1－6	7－14	15－19	20－29	30－39	40－49	50－59	60－69	70以上
男(%)	1.0	2.0	7.8	20.4	16.0	8.4	5.1	1.0	1.2
女(%)	1.5	1.2	6.7	11.2	5.5	3.2	3.1	1.0	1.2

時に摂った食事は脂肪に変わりやすいことから、三回に分けて食事することが推奨されています。表三・一六は日本人の欠食状況を示したものですが、全体では男性の一一・五％、女性の六・五％がほとんど毎日欠食しています。ほとんど欠食しない人は男性で七七・一％、女性で八三・七％に過ぎません。欠食する人の割合が多いのは二十代の男女であり、最も健康に対して配慮していない年代になっています。

表三・一七に朝食欠食率を示しましたが、やはり男女ともに二十代で最も高い欠食率が得られています。述べてきたように、脳のエネルギー源はグルコースですので、朝食をとりませんと、前日の夜食からグルコースの供給がなされていな

いままになり、頭が働く訳がありません。夜更かしすると目ざめが悪く、食欲がでないとは思いますが、朝食は欠かさず摂るようにしてください。

スポーツ選手においては三〇〇〇キロカロリー前後のエネルギーを摂る必要があるので、朝、昼、夜の食事を必ず摂る必要があります。偏食は栄養のアンバランスをもたらし、激しい運動に耐えることを困難にします。また、卵や牛乳のようなバランスの良い食品であっても、それだけではスポーツマンが必要とするすべての栄養成分を供給することができないだけでなく、優れた生体調節機能を有するもの程過剰摂取による悪影響が出やすくなります。

朝食は、洋食の場合はパン、卵、ハム、牛乳、ジュース、野菜、果物などを中心として摂ることになるでしょう。ジュースは果実もしくは野菜の一〇〇%ジュースを用いるようにします。野菜は生野菜のサラダが簡単ではありますが、量と種類を確保しにくいので調理してかさを減らして食べるようにします。ポテトサラダなどを夕食で多めに作っておき、朝食でも摂るようにすると野菜の摂取量を確保できます。シリアルはビタミンと食物繊維を多く含むので、パンにするより栄養価が高くなります。和食は副食との組み合わせの幅が広いので栄養のバランスをとりやすい食事形態です。ご飯、みそ汁、卵、のり、納豆、漬け物、ふりかけなどが食卓の中心となります。みそ汁は具の種類を多くすると多くの食材を摂ることができます。漬け物はうす塩で漬けたものが良く、塩分の摂取量を押さえながら野菜の摂取量を増やすことができます。ふりかけには、小魚や小えびが入ったものがよく、これらを用いた佃煮類も推奨できます。きん

表3・18　日本人の昼食外食率（平成13年調査結果）

年齢	外食		調理済み食	
	男(%)	女(%)	男(%)	女(%)
15－19	30.7	26.1	3.6	4.5
20－29	49.2	35.8	9.5	10.2
30－39	52.6	27.8	6.6	12.8
40－49	48.1	27.6	4.1	7.7
50－59	47.3	20.3	6.1	7.9
60－69	25.2	11.0	5.7	6.3
70以上	6.4	6.1	5.5	6.1

ぴらゴボウなどの冷蔵庫でしばらく保存可能な副菜を用意し、補助的に用いることで栄養のバランスを取ることができます。

昼食は外食することがほとんどだと思います。表三・一八は日本人の昼食外食率を示したものですが、二十代男性の四九・二%が外食を、九・五%が調理済み食を摂っています。調理済み食というのはすでに調理されたものを買ってきたり、出前を家で食べたりしたものを指しており、内容的には外食と同じものです。家庭で作った弁当は外食には入りません。一般向けに調理される外食では、誰が食べてもおいしいと感じるように、濃く味付けをするとともに、脂肪の使用量を増やす傾向にあります。したがって、塩分と脂質を摂り過ぎることになりやすいので注意してください。外食する場合は、なるべく多くの食材を用いたメニューを選択するように心がけてください。

自宅生は和食を中心とし、肉、魚、野菜などの多くの素材を含む食事を用意してもらうようにします。昼食は外食が中心となりますが、その場合はなるべく定食類を食べるようにし、使用されている食品素材の種類が多いものを選びます。パンと牛乳ですませる場合、肉や野菜などをはさんだサンドイッチを取り入れると良いでしょう。脂溶性ビタミンの場合は体内滞留時間が長いのでどの食事で摂っても良いのですが、水溶性ビタミンは速やかに排出されるので食事とともに摂らなければ意義が薄れます。したがって、間食もできる限りバランスのとれた形でとる必要があります。

最近は栄養バランスの優れたトータルバランス食品が市販されていますので、間食が必要な場合に利用すると良いでしょう。食品素材は精製されていないものを優先して利用します。精製した食品素材、たとえば食塩や食用油脂は副成分が除かれているので、栄養的価値が低く、抗酸化成分を除いた食用油脂は酸化されやすいため、体調を崩す原因にもなります。

小魚、豆類、バナナなどの果物、トマトなどの野菜、一〇〇％果汁、牛乳などが食事の副食や間食に推奨できます。バナナは痛みやすいので一人暮らしの学生には使いにくいのですが、冷凍庫付き冷蔵庫を保持している場合はラップに包んで凍結しておくことでいつでも利用可能になります。冷凍庫がある場合は冷凍食品を活用することにより栄養バランスを向上させることができます。

ハムエッグにミックスベジタブルを加えるだけで栄養バランスは大幅に向上しますし、インスタントラーメンに火を通したミックスベジタブルを加えても良いでしょう。みそ汁やラーメンの具として乾燥野菜を混合したものも市販されています。ご飯やシチュー類はまとめて作り、一食分ずつ小分けして凍結することによりいつでも利用可能となります。電子レンジを併用すると簡単に食事の用意ができます。

運動選手の場合、食事の時期は運動を終えて三〇分前後に開始することが最も効果的です。それによって食物の消化・吸収が効率良く行われ、筋肉作りに役に立ちます。疲労を回復し、体を作るためには、十分な睡眠が必要です。寝る直前の夜食は胃を休めることができず、熟睡できないので、成長ホルモンの分泌が悪くなり、体作りを妨げます。したがって、就寝二時間前が最後の食事の機会となります。ただし、コップ一杯程度の牛乳は眠りを誘うので摂っても構いません。就寝前に軽いウェイトトレーニングを行い、牛乳を飲んで寝ることは推奨できます。

夜更かしと寝る前の食事は食物の消化がうまくいかないため、朝食時に食欲が出ない原因になります。運動選手では、朝食で少なくとも五〇〇キロカロリーの食事を摂らなければ体力作りに必要なエネルギーを摂ることが不可能となり、疲労の蓄積、体力の低下をもたらします。また、血中グルコースの低下は頭の働きを鈍くするので、トレーニング中のミスを誘発し、けがの原因となるし、技術向上にもつながりません。

勉学に励む場合も午前中はペースが上がらず、無駄な時間を過ごすことになります。勉学とスポーツを両立するためには、無駄な時間を費やす余裕はないので、早寝早起きの習慣をつけることが時間の有効利用を可能にします。試合において全能力を発揮するためには、試合開始の三時間前に起床する必要があるので、早寝早起きは勝つためにも重要です。

自炊する場合、一人分の食事を用意することはかなり面倒なものです。しかし、冷凍庫と電子レンジを活用することにより、バランスのとれた食生活を行うことが容易になります。冷凍食品の品質はかなり良くなっており、おいしくバランスのとれた食材が多く市販されており、かなり安価で入手できるようになっています。また、冷凍保存が可能な料理は数食分まとめて調理し、一食分ずつ電子レンジに使用可能な容器に分けて凍結しておくと便利です。そこで、十分な冷凍庫容量を持つ冷蔵庫を購入することが得策です。冷蔵では保存期間に限度があるので、冷蔵庫容量は大きくとる必要はなく、冷蔵室に保存する食品の量は多くならないように気をつけます。

10 酒の飲み方

適度なアルコールの摂取は新陳代謝を活性化するので避けることはありませんが、飲み過ぎは禁物です。急激な血中アルコール濃度の上昇は急性アルコール中毒死をもたらすので、一気のみは厳禁です。また、高濃度のアルコールは胃の粘膜を損傷し、胃潰瘍の原因となるので、ウイスキーやウォッカなどをストレートで飲むのは避けるべきです。毎日の飲酒は肝臓を痛めるので、これも避けます。

節度ある適度な飲酒量というのは一日平均純アルコールで二〇グラム前後とされています。表三・一九はいろいろな酒類の適量を示したもので、第一出版から出版されている『平成十三年度厚生労働省国民栄養調査結果』の六十四ページに掲載されている資料から引用しています

表3・19　節度ある適度な飲酒量

酒の種類（適量）	アルコール度数（%）	純アルコール量（g）
ビール（中瓶1本500ml）	5	25
清酒（1合180ml）	15	22
ウイスキー（ダブル60ml）	43	26
ブランデー（ダブル60ml）	43	26
焼酎（01合180ml）	35	50
ワイン（1杯120ml）	12	14

が、純アルコール量の数値が計算値と一致しないので、この表では適量とアルコール度数から計算した数値を入れています。

焼酎とワインの適量がアルコール摂取量と比例していないことに注意してください。ここに定められた適量には、悪酔いのしやすさも加味されている可能性があります。蒸留酒は二日酔いになりにくいのですが、糖分の多い醸造酒は悪酔いしやすい傾向があります。

適度にアルコールを入れながら楽しく騒ぐことは若者にとって息抜きになるでしょうし、人間関係を確立していく上で重要なステップであることは理解できます。しかし、それも周りに迷惑をかけない範囲にとどめてください。学生と一緒に街中で飲む際、なかなか酔えないのですが、これはついつい騒ぎ過ぎて周りに迷惑をかけていないか常に考えている必要があるからです。研究室で酒を飲んだ方がずっと気楽に酒を楽しむことができます。

私の研究室では学生の個性を重視し、無理に飲ませることはないように気をつけています。本人が飲みたいだけ飲むのは迷惑をかけない限り許していますが、飲みたくない人間に無理強いしている場合は止めます。酒席が人間関係を円滑にすることに役立っている場

表3・20　飲酒習慣者の割合（平成13年調査結果）

年齢	全体	20－29	30－39	40－49	50－59	60－69	70以上
男(%)	53.3	35.7	49.9	61.3	62.8	55.1	45.4
女(%)	9.1	9.3	12.6	13.8	9.7	7.6	2.7

飲酒習慣者＝週3回以上、1日に日本酒1合以上またはビール大瓶1本以上飲んでいる者

合はいいのですが、顰蹙《ひんしゅく》を買うようではかえって逆効果となります。

運動選手にとっては、酒類の多くは酸性食品であるため血液の水素イオン濃度を酸性側に傾け、けがをしやすい体にします。ワインはミネラルに富んでいるのでアルカリ性食品に分類されていますが、ほどほどでやめるようにします。泥酔するほど飲んでしまえばどんな酒でも体に良いことはありません。

飲酒は麻薬と同様に習慣性があります。私も大学院の頃は夜遅くまで実験する必要があった時期に毎日寝酒を飲むことになり、かなり不健康な生活をしていました。助手に就任後はかなり仕事上のストレスが強かった時期があり、これも酒に頼って寝ることが多くなりました。酒を飲まずに寝ることのできる時期は、体調も良く、いいアイデアを出すことができるようになりますので、飲酒の習慣をつけないよう注意してください。毎日の飲酒は肝硬変をもたらし、肝がんに至る確率が高くなることを忘れないことです。表三・二〇に飲酒習慣者の割合を示しましたが、四十代と五十代で飲酒習慣者が多くなっています。これは、業務の内容上飲む機会が多くなることと、仕事上のストレスが高まることによるものと思われますが、あまり無理しないように周囲も気をつけてやるべきです。

第四章　学会発表を成功させるために

学会発表および各種講演は研究成果公表の機会であるとともに、研究者が所属する研究グループの研究を学会および一般社会にアピールする貴重な機会です。したがって、研究内容を十分に理解してもらうため、最大限の努力を行う必要があります。学生にとっては、学会発表は重要な意見発表の場となっており、自己表現能力をつけさせる機会として活用しています。ここでは、解りやすい講演を行うための諸注意について述べます。

1　講演の目的

研究者は、学会発表や依頼講演などにおいて口頭発表を行う機会が数多くあります。これらの講演の目的は、聴衆に講演者の意図を理解してもらうことが最も重要であり、聴衆のレベルに応じて解りやすく話すことが必要です。講演者は、ここで聴衆がはじめてこの講演内容に接するものと考え、主題とする項目については十分に背景を説明する必要があります。私の研究室では、最下級生の四年生が理解できるような講演を行うよう指導しており、まず学生の前で練習して手直しをしたものを教員がさらに手直しするようにしています。

講演には時間的制約が常に存在するので、すべての項目について十分な説明を行うことは不可能であり、どの項目を中心に話を組み立てるのかについて決定することが重要です。また、話す速度が早すぎると聴衆の理解は不十分なものとなるので、不必要な内容は極力削除し、重要なポイントをゆっくり話す配慮が必要です。私の研究室では、講演時間の順守を厳密に守るよう指導しています。学会発表などで発表者にとって最も良い経験になるのは質疑応答に答えることであり、時間を越えて話すことは講演の意義を半減させることになるからです。学会の全国大会でも質問を避けるために時間一杯講演を行っている学生を見かけますが、何のために発表にきているのか理解に苦しみます。

2 講演の準備

学生および若手研究者は、教室内でのゼミ、大学院での講義および実習、部内検討会などにおける研究報告あるいは文献紹介の実施を通じて発表技術を習得し、さらに学会発表を行うことにより発表技術に磨きをかけています。このような講演を行う際、原稿通りに話すことを目的とすべきではありません。

近年、各種学会の全国大会においても原稿を読みあげるだけの発表者や明らかに暗記した内容を話しているだけで、スライドを指し示す余裕もない講演者が存在します。このような講演者に対しては質問してもまともな答えが得られる可能性はゼロに近く、質問する気にもなれないので、全国大会で発表する能力はないと考えられます。このような講演者に学会発表を任せた教員は、数多くの報告を行うことにより研究活動の活発さを示したつもりでしょうが、未熟な研究者に発表させたことは、関連分野で主導的役割を果たしている研究者による評価を低下させることにつながることを知るべきです。

講演の実施においてまず配慮すべきことは講演時間を守ることです。学会などにおいては複数の会場で講演が行われており、講演時間の延長は他の聞きたい講演を聞き逃す結果をもたらします。講演時間は決して超過すべきでなく、むしろ早目に終了して質疑応答に十分な時間を残すべきです。講演の練習を繰り返し行うことは解り易く、アピール性のある講演を行うために必要ですが、所要時間を確定するためにも重要です。上述したように、質疑応答に答える自信がないため、質疑応答の時間まで講演を行う確信犯も存在しますが、このような講演者においては、講演途中でも座長が時間通りに終了させ、質疑応答を開始すべきです。

スライド一枚の説明に要する平均的な時間はスライドの内容および講演者により異なりますが、講演者自身が用意したスライドであればその説明に必要な時間はほぼ推測できます。しかしながら、設定時間内に講演を終わらせるためには数回の練習が必要となります。シンポジウムや依頼講演などにおいて三〇分以上の講演を行う場合、講演内容をすべて暗記すること、発表練習を繰り返して講演時間を調整することが困難となります。

このような長時間にわたる講演を依頼される研究者は多忙な人が多く、練習を行う時間的余裕がないことがしばしばです。このような場合、講演の後半でスライドのスキップが頻繁となり、話す速度が早すぎて理解が困難となる講演が多く見られます。講演者は、講演内容が不足して早く終わりすぎることを恐れる傾向が強く、スライドを余分に用意することが日常的です。したがって、講演時間が二〇分以上の講演会においては、講演時間の延長により進行が遅れることが多くなります。このような講演会では、講演時間の順守を講演者に徹底しておくとともに、休憩時間の挿入や懇親会開始時刻に余裕を持たせるなどの配慮を行い、進行が遅れても良いように準備します。

講演内容が複数のセクションから構成されている場合、各セクションにおいて、表題、結果、結論の順でスライドを表示することが多くなります。このような場合、表題とともに結論を示したスライドを先に示すことは、それに続いて表示される実験結果の理解を深めるだけでなく、時間が不足した場合は結果を示すスライドを省略することを可能にします。このように、状況に応じて講演内容および所要時間を変更することが可能な形でスライドを準備しておくと状況の変化に容易に対応することができます。

実験結果を示すスライド、説明用スライド、結論スライドなどを十分に準備して、その配列に工夫を加えることにより、講演会場で内容を変更することが可能になります。講演を依頼された場合、聴衆のレベルが不明な場合が多々あり、どのレベルで準備したら良いか迷うことがあります。一般向けの講演を依頼された場合、話しはじめるまで聴衆のレベルが不明な場合がありま す。このような場合、説明用のスライドを余分に用意しておき、聴衆の反応を見ながら結果中心の学術的な講演を行うか、結論中心の教育的な講演を行うかを決定しています。

3 スライドの作成

講演には通常スライドを用います。スライドの作成においては、理解しやすいものにすることが最も重要です。三五ミリスライド、オーバーヘッドプロジェクター（ＯＨＰ）、パソコンと映写機の組み合わせなどが使われていますが、会場の大きさや使用可能な機器により適性が異なります。三五ミリスライドはどのような会場でも使いやすいという利点を有していますが、会場を暗くしなければならないので、講演中のメモが取りにくいのが難点です。

ＯＨＰはかなり明るい環境でも使えるので、講演中のメモがとりやすいのが長所です。また、プリンターから直接出力したものを使うことができるので、いつでもスライドを作りなおすことができ、最新の情報で講演することができるのが長所です。しかし、ぎりぎりまでスライドの修正に時間を費やした結果、きれいなスライドはできたが講演はうまく話せなかったということにもなりかねません。スライドの準備は遅くとも講演の一週間前に終了し、講演内容の手直しに時間をかけた方が建設的です。教員にスライドをチェックしてもらう場合、早めにスライドの準備にかかります。

パソコンと映写機の組み合わせでは、パソコンで作成したスライドを直接映写できるので、OHPや紙に出力する必要すらありません。また、パソコンを用いたプレゼンテーションでは、動画を使ったり、情報を順次表示していくなどの演出を加えることができるという利点があります。しかしながら、映写機が使える会場でなければ使用できないのが難点です。スライドを作成するのに用いたパソコンと映写に用いるパソコンの機種が一致しない場合、正常に映写できないこともあります。それを避けるため、自分のパソコンを持参すると映写機との相性が合わなかったり、映写機のドライバの組み込みができなかったりなどのトラブルも生じます。このようなトラブルを避けるため、前もってスライドファイル（データ）の送付を求められる場合があります。動画を用いたりするとファイルが大きなものとなり、電子メイルの添付書類として送ることができなくなるので、努めてシンプルなスライドで講演するようにしています。

スライドの作成にあたっては、必要な情報のみを表示することが重要です。投稿論文用の原図は紙面でじっくり眺めることができるので、図表にはできる限り多くの情報をコンパクトにまとめることが重要視されます。図中に直接情報を書き込むことはまれであり、詳細情報は図脚注に記載されます。このような投稿論文用に作成した図表を講演用のスライドに流用してはいけません。講演に必要なデータを選別して図表を作成し、内容がひと目で解るように、できるかぎり簡略化した図表を作成します。

また、図の理解に必要な情報は積極的に図中に書き込むことが望まれます。図はなるべく大きく書き、シンボルおよび活字もなるべく大きなものとします。活字などをできる限り大きくみせるため、スライドスペースを有効に利用します。つまり、図表はできる限り正方形に近い形にし、不要のスペースを少なくします。

縦型のスライドを作成すると、会場によってはスライドの上下、とくにスライド下部が見えなくなることがあります。これを避けるためには、横型のスライドを作成することが効果的です。論文中に記載される図では図の下にタイトルおよび脚注が記載されるので、スライドにおいてもタイトルは図の下に書かれることが多いのですが、図の下部は人の頭などで隠される場合があるので、重要なスライド情報の一つであるタイトルは表と同様に図の上部に記載することを勧めています。図表中の情報で、特に言及したい重要なものについては着色するなどの操作により強調することが望まれます。また、その図から得られる重要な結論を図の上部もしくは下部に書き込んでおくと講演の際に話しやすいし、聴衆の理解を容易にすることができます。

最近はカラースライドを作成することが多くなっていますが、色の使い方には十分注意する必要があります。パソコンの画面上での色とOHPなどに出力された色は必ずしも同一ではありません。また、プロジェクターを用いて映写した場合の見えやすさはプロジェクターの出力によって変化します。濃い色を背景色に利用した場合画面全体が暗くなるので、かなり明るい色を前面色に使わないと見えにくくなります。たとえば、紺や黒の背景色に赤の活字を用いるとフォントの大きさにもよりますがほとんど見えなくなります。背景色は薄い色を使い、線や活字に濃い色を使った方が見やすいスライドになります。文字の消失が起こりやすいのは、背景の濃度が徐々に変化するグラデーションをかけた場合で、途中から文字が見えなくなることがあります。作成したスライドは実際に使用する条件で映写し、最も不利な条件でも文字が識別できることを確認しておく必要があります。

一つのスライドにあまりに多くの色を使うとかえって見にくくなることがあります。目がちらつくこともありますし、何がポイントであるのかが解りにくくなることもあります。図にこりすぎてかえって見にくいスライドにならないように注意してください。色の使い方はできる限りシンプルなものとし、一つの講演の中では統一した色使いをすることが効果的です。低下は赤色、上昇は青色で示すなどの統一基準を守ってスライドを作成すると聴衆の理解が進みます。

4 スライド作成例

つぎに、スライドの作成例をいくつか示します。例四・一はタイトルスライドの例です。ここでは講演題目、講演者の所属および氏名が明確に解れば結構です。情報の重要性に応じてフォントのサイズを変え、必要に応じて活字を色分けします。また、センタリングなどを行うことにより体裁を整えます。

例四・二は背景説明スライドの一例であり、箇条書き形式でのスライド作成例を示していま

例4・1

> 食品成分の免疫調節機能
> 不飽和脂肪酸のアレルギー調節機能を中心に
>
> 九州大学大学院農学研究院
> 生物機能科学部門生物機能化学講座
> 食糧化学研究室
> 山田耕路

例4・2

> アレルギー発症促進因子
>
> ○生活環境の西洋化（住居の密室化によるダニの増加）
> ○大気汚染（ディーゼル廃棄物のアレルギー促進効果）
> ○戦後の森林政策（日本スギ等の植林による花粉の大量散布）
> ○食生活の洋風化（高脂肪高タンパク食？）

す。タイトルはフォントの種類あるいはサイズを変えてはっきりと区別します。この時、不要なスペースを極力少なくしてコンパクトに記載内容を配列し、可能な限り大きなフォントを使えるように配慮します。一枚のスライドに入れるべき情報が多すぎてフォントが小さくなった場合、二枚に分けて見やすくします。ここには文章形式のスライド作成例を示しましたが、概念図を示すことは聴衆の理解を深める上で有効ですので、背景説明あるいは結論スライド用に研究内容を示す概念図を作成しておくことが望まれます。その際、多くの情報を入れ過ぎてフォントのサイズが小さくなりすぎないように注意します。

最近はスライドの作成にパワーポイント（Power Point）を使うことが多いと思います。その場合、フォントサイズの下限を示す目安としてA４用紙に六枚のスライドを配布資料形式で出力した時、容易に読むことのできるサイズであることとしています。それで読みにくい場合はスライドを作りなおすことになります。利用可能なフォントのサイズは講演会場の広さやスクリーンの大きさにより若干異なりますので、かなり不利な条件でも識別できるように大きめのフォントを使ってスライドを作ります。

例４・３

Dietary Effect of EPA - or DHA - rich Fish Oil on Immunoglobulin Productivity of Mesenteric Lymph Node Liymphocytes of Sprague-Dawley Rats.

Dietary fats	IgA (ng/ml)	IgE (ng/ml)	IgG (ng/ml)	IgM (ng/ml)
Safflower	4.2 ± 1.7	0.25 ± 0.06	11.2 ± 0.3a	4.8 ± 0.2
EPA-rich	2.3 ± 0.6	0.30 ± 0.07	14.3 ± 0.6b	3.8 ± 0.3
DHA-rich	2.1 ± 0.4	0.23 ± 0.03	9.4 ± 0.2c	4.0 ± 0.2

Data are means ± SE (n=5) and values without a common letter are significantly different at $p < 0.05$.

例四・三に表の作成例を示しました。この例では、タイトル部分、表中の活字、脚注のフォントサイズに大きな差がありませんが、これは本原稿を作成するのに用いたワープロソフトの制約によるものであり、実際のスライド作成ではタイトルはこれより大きめに、脚注は小さめに作成します。数値は平均値より有意に大きいものを赤色で、小さいものを青色で着色するといった一定の規則で色分けすることにより聴衆の理解を深めることができます。しかし、あまり色数を増やすとかえって見難くなるので注意します。

上述したように、文字の着色、フォントの種類および大きさなどに関する規則性は、一つの講演の中では統一することが望まれます。したがって、他の講演で使用したスライ

例4・4

> **魚油の摂食効果**
>
> ・ＥＰＡもしくはＤＨＡに富む魚油の摂食は血清中のＩｇＥおよび脂質過酸化物レベルに影響を及ぼさなかった。
> ・魚油摂食はラット腹腔滲出細胞のＬＴＢ$_{4}$放出能を顕著に低下させ、ＬＴＢ$_{5}$放出能を誘導した。
> ・ＥＰＡはＤＨＡより強いＬＴＢ$_{4}$放出低下効果を示した。

ドをそのまま再利用することは好ましいことではなく、それぞれの講演においてスライド作成形式の統一について再確認することが必要です。

表と同様に、図もタイトルを上にして横型で作成すると重要な情報が聴衆の頭で切れてしまう危険から免れることができます。図の下部には講演者のメモ的な情報を配置すると良いでしょう。一枚のスライドに入れる情報量が多すぎると聴衆はついていけなくなるので、極力シンプルな図の作成を心がけます。図中に現れる活字のフォントも大きめのものを選びます。投稿論文用に作成した図を転用するとフォントの活字が小さすぎ、後ろの席からは読めないことが多々あります。したがって、スライド用の図はフォントサイズを大きくします。折れ線グラフの場合、説明したい線の近くにその線が何を意味するのかについて表示すると聴衆は容易に内容を理解することができます。したがって、図中のシンボルあるいは線に関する説明は極力図中に書き込むことが望まれます。しかしながら、情報量が多くなりすぎると見難くなるので、書込む情報量には節度が必要です。

なお、図表のタイトルはなるべく略号を使わないようにします。専門家同士では略号の使用は大きな問題は生じませんが、非専門家にとっては大きな理解の妨げとなります。スライドの転用を行う場合、略号の使用についても不統一にならないように注意します。

例四・四には結論スライドの例を示しました。ここでは、講演の主題もしくはセクションの主題を示した後、主要な結論を記載します。上述したように、結論スライドをデータスライドの前に用いることにより、聴衆の理解を深めるとともに、講演時間のコントロールを容易にすることができます。

5 講演原稿の書き方

講演の原稿は、実際に用いるスライドを見ながら作成します。スライドとは無関係に原稿を作成すると説明の順序が不適切となり、聴衆の理解を得ることが困難となります。

スライドの説明を行う場合、上から下へ、左から右へ説明することが最も理解しやすくなります。したがって、話したい順序でデータが並んでいるように図表を作成し、その内容を説明するための原稿を作ります。原稿に沿って話してみて、円滑に説明できないようであれば話す順序を変える必要があります。それに伴って、図表の書き換えが必要となる場合もあります。現在は、講演用の図表はパソコンを用いて作成することが一般的であり、図表の手直しは比較的簡単にできるので、スライドの安易な転用はできる限り避けます。その講演の趣旨に沿ったスライドセットをそのつど作成することが解りやすい講演を行う秘訣です。

講演内容は、他分野の研究者にも理解可能なレベルに設定します。限られた専門家にしか理解できないような講演は、部内あるいは専門的な研究会の成果検討会などでの利用に限られます。研究成果を世の中に認めさせ、活用していくためには、素人にも解る形で研究の目的、その結果、さらには成果の社会的意義を示す必要があります。このような講演を準備するためには、実験結果に関する詳細な知識に加えて専門外の領域を含めた幅広い知識が必要となります。このような準備を行うには多くの時間を費やすことになりますが、研究成果を強くアピールすることができるだけでなく、研究者としての能力の大幅な向上につながるので、魅力ある講演の準備や論文の作成には多くの時間を費やす価値が十分にあります。

6　講演時の注意

講演原稿は演者が講演内容の全体像を把握し、おおまかな所要時間を知るために作成するものであり、原稿通りに話す必要はありません。正確に内容を伝えるため、原稿を読む人がいますが、原稿の棒読みでは聴衆に内容を十分に理解させ、アピールすることはできません。話の対象となっている部分をスライド上で指し示さなければ、聴衆は演者が何を話しているのか理解できないと考えてください。

原稿の丸暗記は講演時間を守る上で役に立ちますが、記憶したことを話すだけの一本調子の講演は魅力がありません。重要なポイントはゆっくり力を入れて話すなどのめりはりをつけることが必要です。講演原稿は作成するに越したことはなく、重要なポイントの把握と記憶に役立ちます。また、講演時にポケット入れておくと、もしも内容を思い出せない場合でも取り出してみることができるので、安心して演壇に登ることができます。これは、あがるのを防ぐのに役立ちますが、必要がなければ原稿を見ないで話します。聴衆は原稿を知らないのですから、間違いや説明忘れがあっても気付くことはありません。講演内容の重要なポイントを伝えることができればそれで良いのです。

講演時間は厳守すべきです。時間を超過するより、早めに終了して質問時間を多く取った方が身つく勉強ができます。用意した講演をすませるだけでは講演者にとって追加情報は得られませんが、思いもよらない質問に答えることにより質問者だけでなく講演者も新しい情報と経験を獲得することができるからです。このような質疑応答を十分に行うためには、ポスターセッション形式の発表が適しています。発表者と質問者が一対一で討議する場合は、通常は話題とならない情報まで議論の対象になり、互いに得ることが多くなります。

講演時間を守るためにはそれなりの工夫が必要です。最近の学会発表では、一〇分前後しか講演時間を与えられないことが多いので、少し練習すれば容易に講演時間を守ることができます。一方、時間内に重要な情報を漏れなく入れるのに苦労するようになりました。重要な情報を的確に説明するためにはそれなりに時間が必要ですので、その仕事に関連するすべての情報を提出することはできません。そこで、情報の選択が必要になりますが、この作業は情報の重要性の順位付けを行うことになりますので、研究者の判断力の練磨に役立っています。このような努力を行うことなく、質問に答えることができずに恥をかくことを恐れて質問時間まで講演を続ける学生は、存在すること自体が恥ずかしいことです。

講演時間が二〇分を越えると内容の暗記のみでは対応が困難となります。シンポジウムや各種講演では二〇分から五〇分程度の講演を求められることが多くなります。講習会などでは、基本的な事項を含めて数時間の講演を行うことも希ではありません。講演時間が伸びるに伴い、聴衆は専門性を失い、興味の対象が分散することが通例です。したがって、複数のテーマを組み合わせて構成することになります。通常、同じテーマで一五分以上話すと聴衆が飽いてしまうので、一五分程度を目安にテーマを切り替えることが得策です。聴衆が興味を持っている内容についてはより長く話を続け、退屈しているテーマについては早めに切り上げるようにします。長時間にわたる講演では早めに講演が終了してもあまり非難の対象になりませんが、なかなか終わらないのは困り者です。

テーマを切り替える場合、通常は最後に用いられる結論用のスライドを最初に用いることが効果的です。これから話題にする内容をあらかじめ説明しておくことは、聴衆がポイントを明確にして話を聞くことを可能にし、その理解を深めることができます。また、後半に入って講演時間が不足してきた場合、結論のスライドのみを説明してそれに続くデータスライドの説明を省略することにより、時間を節約することが可能です。

長時間にわたる講演では聴衆の興味をつなぎ止めるのに苦労しますが、説明スライドや結論スライドを中心に持ち時間の半分を使い、残り半分を質問に応じてデータを使いながら講演するのも有効です。聴衆の数が多くない場合はすべてのスライドを講演資料として配布してもらい、質問に応じて細かい説明を行うこともあります。

若い研究者では一枚のスライドを説明するのに必要な時間は平均して一分前後ですので、一分あたり一枚のスライドを用意するのが一般的です。経験を積んだ研究者は、一枚のスライドにより多くの情報を盛り込むことができますし、説明すべき情報も多く有しているので、一枚のスライドの説明に平均して二分以上を要することも珍しくありません。講演時間に応じた枚数のスライドを用意するには、それぞれの研究者が一枚のスライドの説明に必要な平均所要時間を知っておく必要があります。さらに、講演が早く終わった時の用心に追加のテーマを用意しておくと万全です。

第五章　論文のまとめ方

一編の論文を完成させ、それを採択に導くことはかなりの作業を要することですが、この作業は学者として成長し、評価されるためには不可欠のものです。論文の作成は一大作業と思われがちですが、その構成を理解し、無駄なく作業を進めれば大きな困難をともなうものではありません。ここでは、科学論文を例に、論文の構成、論文の作成、論文の審査および修正、データ処理などについて解説し、若手研究者の論文作成の参考にしたいと思います。

1　論文の構成

科学論文は、原著論文（full paper;regular paper）、技術論文（technical paper）、短報もしくはノート（note, letter, short communication）、速報（rapid communication）などの形式に分けられています。

原著論文は、表題（title）、要旨（summary,abstract）、緒論（introduction）、材料と方法（materials and methods）、結果（results）、考察（discussion）、謝辞（acknowledgement）、引用文献（reference）、表（table）、図（figure）、図脚注（figure legends）などから構成さ

れています。結果と考察をまとめて「結果および考察（results and discussion）」として記載することもできますが、独立して考察を作成する努力を行うことが望まれます。原著論文では、何らかの科学的進歩が達成されている必要があり、新規性の有無が採択のポイントになります。

技術論文を受け付ける雑誌は多くはありませんが、原著論文とノートの中間に位置するものと考えて良いでしょう。結果として報告する意義はあるが、新規性に欠ける内容のものが技術論文として投稿されます。論文の形式は原著論文と大差ありません。

ノートは、現象としては新規性を有するが、原著論文とするには現象の解明が進んでいないものです。ノートもしくは短報として報告しておき、解明が進んだ時点で原著論文として再投稿することも可能です。速報はノート形式で速やかに採択してもらい、発見の先取権を獲得するためのもので、速報として採用すべき理由を付す必要はありますが、速やかに審査を受けます。原著論文のようなセクション分けが行われない場合が多く、分量も原著論文の半分程度に制限されている場合が多いようです。ノート、短報、速報では通常二枚前後の図表を用いて論文が作成されます。原著論文では最低四枚は図表が必要になりますが、多くなりすぎると論文の焦点がぼやけますので、八枚程度を上限とした方が採択の確率が上昇し、審査が長引くことを避けることができます

以下に、原著論文の作成に必要な各セクションの記載内容と作成要領について説明します。

表題

表題は主張したい内容を最も簡潔に示すことが重要です。簡潔な表題を選ぶことができない論文は、論文の主題が明確ではないなど、その構成に問題があることが多いものです。

論文内容に関するすべての責任は、原稿を作成した第一著者が負う場合と研究室の責任者あるいは論文作成の統括者である最終著者が責任を負う場合があります。研究室の責任者が第一著者である場合もあるので、最終著者が責任者でない場合もあります。Corresponding authorとして名前があげられている著者が論文内容にすべての責任を負います。

研究者の業績として最大限に評価されるのは第一著者として報告した論文です。これは、論文作成能力が研究能力評価の決め手となることを意味しており、データ解析能力および表現力を高めることが研究者としての能力向上に重要です。最終著者はその研究の統括者として評価されます。その他の著者はその論文の貢献度の順に並んでいると考えて結構です。共著者として名前を入れるのは論文に採用した図表の作成に貢献した研究者が中心であり、研究の遂行に不可欠の貢献を行った研究者を一部追加することができます。

要旨

要旨には論文の内容を理解するための必要最低限の情報を記載します。和文、英文のいずれにおいても字数あるいは語数の制限があるので、不必要な情報は記載しません。要旨に記載された情報は、その論文に含まれる最も重要な情報と考えられるので、厳密な審査が行われます。したがって、不確かな情報を要旨に記載することは避けねばなりません。表題と同様に、簡潔かつ明快な要旨を書くことができない場合は論文の内容に問題があるので、図表の選択から論文の構成を考え直す必要があります。なお、要旨は本文と切り離して利用されることがあるので、略号の規定は本文とは独立して行います。

和文誌には和文要旨に加え、英文要旨の作成を要求されることが多く、日本の学会の英文誌では英文要旨とともに和文要旨の提出が一般的に求められます。いずれの場合も、直訳する必要はありませんが、同一の内容を記載するようにします。

要旨に記載しなければならないのは、研究の目的、基本的な手法、主な結果、重要な結論です。研究の背景は通常記載しませんが、投稿先によっては背景まで記載可能なスペースを与えてくれる場合もあります。

緒論

緒論は、結果および考察で記載したい内容を理解させるために必要な予備知識を読者に与えるものであり、研究を開始したいきさつや動機を記載するものではありません。

実験科学においては、作業仮説の設定は不可欠の作業であり、何らかの予断を持って実験を計画し、実施しますが、得られた結果は必ずしも作業仮説に沿ったものではありません。作業仮説にこだわることなく、自由な解釈を行うことが実験結果の正しい評価に必要です。先入観にとらわれることなく自由に実験結果を解析し、何らかの新規な事実が明らかとなった場合、論文の作成にかかることができます。

科学論文の生命は、実験結果と最も重要な結果に関する考察にあり、これらの内容に関する予備知識を与えるために緒論があると考えるべきです。したがって、結果部分をまず記載し、考察に耐える内容が確定した後、緒論を執筆することが得策です。考察できると考えていた内容が実際に執筆してみると自分の考えを支持する文献が揃わないことがあります。見込みで緒論を執筆すると、考察内容が緒論と一致しないことがあるのですが、著者がそれに気付いていないことがしばしばあります。

材料と方法

材料と方法には、実験を再現するための必要最低限の情報を記載します。特殊な試薬、器具については必ず記載します。一般的な方法については文献の引用で十分ですが、実験方法を変更した場合は必ず変更点を記載します。

論文引用の形式や試薬、器具、実験装置などの供給元の記載形式は雑誌により異なるので、実際の掲載論文の形式にしたがって原稿を作成し、不明な点は投稿規定を参照します。投稿規定を無視した原稿は査読の段階で不利な評価を受けるので注意します。

材料と方法は実際に実験に用いた方法を記載するので、いつ書いても構いませんが、結果および考察を作成して論文内容が確定した後執筆した方が無駄な作業をしないですみます。この部分で独創性を発揮する必要はありませんので、論文として受入れられた先人の文章を参考にして、誤解を招かない文章を記載することにします。

結果

結果は論文の根幹をなす部分であり、図表の内容を正確かつ簡潔に記載することが重要です。まず、考察したい結果について最優先で記載します。考察すべき内容およびそれから得られる結論を支持する結果を優先して記載し、その内容を疑わせるような結果は記載しないことにします。

また、論文の主題と関係ない情報についてはなるべく記載せず、簡潔かつ焦点の絞られた論文を作成することが高い評価を受けるためには必要です。しかしながら、不要な情報を一切記載していけない訳ではなく、考察の対象としない結果でも主題を損なわないものについては記載しても構いません。結果から引き出される結論のうち、考察の対象にしないものについては、結果のところで記載しておくと良いでしょう。

結果の記載は、使用する図表の説明に徹するべきです。通常、図表は左から右および上から下へ読んでいきます。したがって、図表の説明もこの順序で行うと理解しやすくなります。この順序で記載した文章が論理的につながるように図表を作成することも必要です。図表を見ながら結果を記載していくわけですが、説明しづらいと感じた場合、文章を工夫するより図表を書き直した方が良い場合も多いものです。

考察

考察は論文の新規性および独創性を主張する最も重要な部分であり、いかに素晴らしい結果が得られても論理的かつ魅力的な考察を作成する能力がなければレベルの高い論文を書くことはできません。

原著論文における考察部分は少なくとも四つの節から構成されていることが多いようです。通常、考察内容を理解するための背景を緒論で記載しますが、考察内容を理解するための基礎知識を考察の最初の節に記載することも必要です。第二節では本論文で得られた結果から導き出された最も重要な結論について文献を引用しながら評価します。第三節以降では関連する事象について同様に考察を行い、最後の節で本研究の意義に関する考察を行うのが一般的です。

考察すべき事項がいくつあるかで考察部の長さが規定されることになりますが、論文が長くなるとそれだけで審査の評価が低下しやすいので、不要な議論は極力省くようにします。

投稿論文が却下される最も大きな理由は考察における過大解釈および無理な主張です。第三者の論文を引用し、客観的な考察を行う必要があります。引用文献のない、ひとりよがりの議論は意味がないだけでなく、却下の理由になりますので削除します。論文の主題として選んだ最も重要な結論に関する堅実な考察を作成することに努力を集中すべきです。副次的な事実については、論文の主題を損なわないものに限り考察するようにします。

引用文献

文献の引用形式は雑誌により異なります。本文中での引用形式には、番号を用いて区別する場合と著者名および発表年を記載する場合があります。番号を用いる場合、引用した順序で番号を付す場合とアルファベット順に引用文献を配列して番号を付す場合があります。引用した順序で番号を付す場合、引用文献を追加すると番号をつけ直す必要が生じるので、引用文献の書式設定は投稿直前の最終段階で行うようにします。原稿作成中は、（Yamada et al; 1999; Yamada and Tachibana, 2000）のように、著者名および年代を用いて引用し、アルファベット順に配列しておくと文献の追加や削除を容易に行うことができます。

引用文献の記載法も雑誌により異なるので、原稿作成中はタイトルを含むすべての情報を含む文献リストを作成しておき、原稿完成時に投稿先に合わせて書式を整えます。文献リストに論文の表題を記載しておくと、引用論文の内容を的確に理解することができ、間違った引用を行う危険を減らすことができます。

図表

科学論文の場合、図表は論文の核となる最も重要な情報になるので、その作成にあたっては細心の注意が必要です。

講演に用いるスライド用の図表と論文用の図表とでは目的が異なるので安易に転用してはいけません。前者では、一枚の図表に盛り込む情報量を絞り込み、主張したい内容が一目で解るように努力します。論文用の図表はじっくり眺めることができるので、情報量を増やすことができますが、主張したい内容を明確に示す必要がある点ではスライド用図表と同じです。主張したい内容によって図表を書き換える配慮が必要です。

図においては、X軸とY軸方向の数値の変化のいずれを比較したいかによって図表を引き伸ばす方向が異なるはずです。また一枚の図に入れるデータセットも何と何を比較したいかで異なります。表においては比較したい数値を縦に並べると理解が容易になります。したがって、主張したい内容によって表の配列を変える必要が生じます。

ノートは二枚程度、原著論文は四枚以上の図表を用いることが一般的ですが、ここで用いられる図表の重要性は均一ではありません。最も重要な結果を与える図表に基づいて主題を決定し、その主題に関連する図表を選択して論文としてまとめるべきです。図表の選択を誤ると焦点の絞られた論文を書くことが困難となり、論理的な考察、簡潔な要旨および適切な表題を作成することができなくなります。その場合、図表セットを選び直して論文の構成を再考することになります。

2 論文の作成

論文作成の順序

論文を作成する場合、右に示したような論文に記載されている順序で原稿を作成すべきではありません。

まず、論文の主題を最も良く表現している一枚の図表を選択し、論文の主題を設定します。つぎに、この主題に関連した情報を与える図表を選抜し、得られた図表セットの使用順序を決めます。これらの図表から得られる結論を箇条書きにすることにより、結果部分の概略が作成できます。

この結果に基づき考察の概略を作成します。考察は通常サブタイトルを付しませんが、原稿作成段階では何について議論しているのかを明確に示すためサブタイトルを付し、主張したい内容を箇条書きに記述します。この際、引用文献の有無も確認し、箇条書きの末尾に付記しておきます。

考察の概略を作成した時点で要旨を作成してみます。簡潔かつ解りやすい要旨を作成することができ、それに基づいて論文の新規性が表現された簡潔な表題をつけることができれば、論文作成の方針が誤っていないことが解ります。要旨の作成および表題の決定に困難が生じた場合、最初に戻って図表の選択から考え直すことになります。

論文要旨の作成および表題の決定ができた場合でも、実際に論文を書いてみると不都合が生じる場合があります。そこで、結果および考察を論文形式で記述し、問題点がないかを確認します。引用文献のない考察は記載するに値しないので、不必要な記載はすべて省くことにします。科学論文の本質は考察に値する新事実が得られているか否かにあります。考察では、他の研究者により得られた結果と比較検討し、客観的評価および実験結果の意義付けを行うことができなければ原著論文として受理されることが困難になります。

満足すべき考察が作成できれば論文の仕上げにかかることができます。緒論、材料と方法、文献リスト、図脚注などを作成し、投稿規定に沿って手直しを行います。この過程で表題、要旨、結果、考察に若干の手直しが必要となります。

上記の過程を円滑に進めるためには、資料五・一に示した論文概略を作成することが効果的です。それによって、論文の全体像を確認することができ、論文の構成を統一のとれたものにすることができます。概略作成段階で論文の新規性および論理性に関する考察が十分に行われていれば、初稿を作成した後に必要となる手直しの幅が小さくなります。

文章の書き方

英文、和文のいずれにおいても簡潔な文章を論理的に配列することが必要です。複雑かつ長

資料５・１　論文概略作成例

ラットの脂質代謝および免疫機能に及ぼす
食物繊維の摂食効果

研究者氏名
所属

要旨
緒論（項目分けを行い、関連論文を書き込む）
１）食物繊維の体調調節機能
コレステロール低下効果（Abc et al., 1999）。
２）食品成分の免疫調節機構

材料と方法（この部分は急がない）
１）試薬
２）動物実験
３）細胞の培養
４）酵素抗体法

結果（項目分けを行い、図表を配分し、重要な結果を記入する）
１）ラットの成長に及ぼす効果
Table 1 Effect of dietary fibers on tissue weights in Sprague-Dawley rats.
２）血清脂質レベルに及ぼす効果
３）各種臓器の脂肪酸組成に及ぼす影響
４）リンパ球の抗体産生能に及ぼす影響

考察（項目分けを行い、関連論文を書き込む）
１）食品成分の体調調節機能
２）食物繊維の脂質代謝調節機構
３）食物繊維の免疫調節機能
参考文献（タイトルを含む全情報を記載し、アルファベット順に並べる）

大な文章は、著者自身においても文章の構成が不明確となり、論文の論理性を失う原因となります。論文全体が長い上に、難解な文章形式で記載された論文を査読することは査読者にとって大きな苦痛です。このような論文は、論文の受理まで長期間を必要とするだけでなく、却下される確率が高くなります。

若い研究者は、論文原稿を作成した後、研究指導者に原稿の手直しを依頼することが一般的です。原稿の手直しにおいては、不足分を追加することは比較的容易ですが、すでに記載されている内容を正しい文章に訂正しながら論理性を確保することは非常に困難です。そこで、一回の訂正では不十分となり、何度も原稿の書き直しを迫られることになります。論文構成がシンプルなもの程理解されやすく、受理されやすいことを忘れてはなりません。

論文の評価は、新規性のある結果が得られているか否か、重要な結論に対する考察が必要十分かつ論理的に行われているかにかかっています。論文審査においては、重要性の低い周辺データの記載の適否などには大きな注意は払われません。しかしながら、重要性の低い結果であっても、誤った考察や過大評価が行われていると、全面的修正の対象となります。この場合、主題に関する考察に問題がない場合でも、副次的情報処理の不適切により却下されることがあります。したがって、不要な議論を避けることが論文の速やかな採択の秘訣です。却下の理由のない論文を査読者は却下することはできません。

論文の執筆にあたって、主題について十分に考察することなく、まず得られた結果から考えられる情報をすべて記載しておき、引き続いて文章の修正および削除を行う論文作成方式があります。この方法では、論文の統一性および論理性を損なうことなく不要部分を正しく削除し、修正することは非常に困難です。論文の論理性を確保するためには、重要な事項から記載し、主張したい内容に反しない情報のみを付加していくアドオン方式を採用することが重要です。

読みやすい文章を書くためには、個々の文章を簡略かつ洗練されたものとするだけでなく、その配列および構成にも十分な配慮を行う必要があります。文章ごとに改行し、納得いくまで順序の入れ換えを行うことにより文章の配列順序に関する感覚を養うことができます。また、長すぎる節も内容の理解を妨げます。節の長さは、通常の英文原稿でＡ４用紙一枚分を超えるべきではありません。

日本人の英語論文の審査において、英文の不備を指摘されることが多いのですが、その原因は文法上の問題よりも文章の書き方に問題があることが多いようです。著者が論文の主題について十分に理解していない場合、日本語で作成しても難解な論文になります。したがって、論文の記述を始める前に、その骨格について十分考えておく必要があります。

作業のブロック化

論文の完成には、必要な図表および文献が揃っている場合でも少なくとも数日を要します。経験の乏しい研究者にとっては全く所要時間がつかめず、執筆を開始することが億劫になります。また、多忙な研究者にとっては論文の著述にまとまった時間を取ることが困難であり、執筆開始が遅れることがしばしばです。しかしながら、一つの論文は小さなブロックの集合体でにすぎず、各ブロックの作成は短時間の作業で行うことができます。後述するように、執筆作業そのものもいくつかのブロックに分割することができます。したがって、論文の構成ユニットをブロック別に作成し、それを論理的に配列することにより完成した論文として投稿することが可能です。ここでは論文作成の効率化について説明します。

まず、材料と方法および結果については通常サブタイトルを付して記載するので、サブタイトルごとに作成することができます。緒論および考察は通常サブタイトルを付しませんが、これも節ごとにサブタイトルを付してブロックごとに作成することができます。結果においては、論文に用いる図表ごとに説明文を作成しておけば、各サブタイトルに所属する図表の説明をしかるべき順序で並べ、つなぎの文章を考えれば良いだけです。

原稿の作成にあたっては、文章の入力と修正は独立した作業単位になります。まず、主張したい内容を入力し、印刷していつでも修正可能にしておきます。論文内容の修正は、パソコンの画面上で行うと十分な修正はできないので、何度も行うことになり、時間の無駄です。プリントアウトを用いてじっくり文章を練ることが重要です。パソコン画面上での修正は手書きで修正したものを入力するにとどめ、文章の再チェックは必ず印刷した原稿に対して行います。これを繰り返すことにより洗練された文章を書くことが可能になります。

これらの作業の過程において重要なことは、作業の結果をいつでも利用可能な形にしておくことです。パソコンへの入力を終えたものは必ず印刷しておくこと、印刷原稿を見直した場合修正点をプリントアウトに書き込んでおくことが重要です。各段階での作業結果が保存されていなければ、作業のブロック化はほとんど意味がなくなります。

文章の修正あるいは原稿の校正を行う場合、著者本人には先入観があるため、完璧を期すことが困難です。可能な場合は共著者に原稿のチェックを依頼します。著者本人が修正作業を行う必要が生じた場合、黙読では完全に修正することができず、不備な点が残ることになります。原稿のチェックにおいては音読することが効果的です。目で見て、読み上げ、耳で聞く三段階のチェックを行うことにより、ほとんどの文章上の誤りを拾い出すことができます。これは和文、英文のいずれの場合にも有効な文章チェックの方法です。文章あるいは内容について何らかの疑問が生じた場合、続けて読むことができなくなるので、その文章について十分な検討を行えば良いことになります。

論文の仕上げを行う場合、全体を通して一気に作業する必要があります。したがって、全体の統一をとるための作業にはまとまった時間を確保する必要があります。各ブロックについて満足できるものができあがった時点で、仕上げのみを目的として全体に目を通すことが必要です。

このようなブロック化を行うことにより、論文の作成に不連続の時間を利用することが可能になります。最後に、まとまった時間を使って一気に論文を仕上げることにより、無駄な時間を費やすことなく、焦点を絞った論文を作成することが容易になります。しかしながら、ある程度の時間を置いた後再読することにより、文章作成時と違った視点で考えることが可能となる場合もあります。したがって、一旦論文が完成した後、若干の時間をおいて再読し、問題がなければ投稿することも論文の客観性や普遍性を高めるのに有効です。

3 論文の審査および修正

論文の審査

最近、論文審査は責任編集制をとる場合が多くなりました。論文の内容に基づき責任編集者が選任され、原稿が送付されます。責任編集者はその論文に対して適切な評価を行うことのできる査読者を二名選び、査読を依頼します。この場合、異なる視点から論文を査読できる研究者を選ぶことが一般的です。

審査の内容は、当該論文が掲載に値する学術的意義および内容を含んでいるかについて、そのままあるいは修正により掲載可能になるか否かを判断することです。原稿の修正は、それを行うことによって採択される可能性がある場合に限られるので、修正を求められた場合、採択へ向かって前向きの努力を行うことになります。通常、修正原稿の返送期限は三ないし四週間後に設定されており、この期間内に遂行困難な実験の追加や全面的かつ高度な内容の修正を求めることは控えることとなっています。したがって、期間内に対応することが非常に困難な要求が査読者によりなされた場合、著者は必ずしもそれに対応する必要はありません。

査読者の要求および著者の対応のいずれが適切であるかについては、責任編集書が判断を行います。査読者はこのような根本的変更が論文の採択に必須であると考えられる場合、掲載否の判断を下し、著者が十分な時間をかけて再投稿するか他誌に投稿する機会を与えるべきです。

査読者は通常三週間以内に内容を検討し、その評価を責任編集者に戻します。上述したように、かなりの修正を行っても論文の内容が雑誌の採用基準に合致しないと考えられる場合、掲載否の判断を下すことになります。修正後再審査の判断が下された場合、基本的には採択の方向で審査することを意味しています。また、論文の問題点は初回審査ですべて記載することが原則です。したがって、修正稿では初回審査で指摘した事項が適切に修正されているか否かを評価することが基本となっており、二回目以降の審査で新たな問題点を指摘することは避けるのが原則です。ただし、初回審査で指摘した事項に対して適切な処理が行われない場合は掲載否と判断することになります。

最初に選んだ二名の査読者の意見が大きく対立した場合は、第三の査読者に審査を依頼し、同様な意見を有する二名の査読者の意見に基づいて審査を続行することになります。査読者の指摘事項に対して適切な修正がなされれば再審査の必要なしという査読者の場合、責任編集者の判断により論文の採否が決定されます。

論文の修正

論文の執筆にあたっては、論文の主題となる新規発見の記載を確実に行うことが最も重要です。一方、論文の採択を容易にするためには、却下の対象となりうる記載を最小限にとどめることが重要です。論文のレベルは結果と考察により決定されますが、論文の採否はその書き方に大きく依存します。不要な記述をすべて排除し、必要最低限の情報を記載するのが論文採択の近道です。

査読者の審査意見については、それに従う限り掲載否となることはありません。主題に関る重要な変更や実行困難な追加実験を求められる場合を除き、査読者の意見を積極的に取り入れることにします。査読者は論文を却下するためにはその理由を明確に記載する必要があります。却下する理由がなければ論文は採択されますので、査読者の意見に従っている限り却下されることはありません。ただし、著者返送期限内に実行することが不可能な実験の追加あるいは全面的な内容の改定は拒否することができます。その場合、どのような理由で要求された修正が期限内に実行できないかについて審査に対する対応に記載し、責任編集者に送り返すようにします。

4　実験の計画、実施、データ整理

論文の作成には実験結果の蓄積とその適切な評価が不可欠であり、データの整理とその解釈には最大限の努力を払う必要があります。実験終了後は速やかに結果を図表にまとめ、実験目的が達成されたか否かを確認しなければなりません。

実験の実施にあたっては、複数の計画を平行して遂行する能力を獲得してください。研究は成功する確率より失敗する確率の方が高いもので、直線的に進展するものではありません。急速に進展した後、壁にぶつかり、壁を乗り越えると再び急速に進展します。一つのテーマを追究する能力しかない場合、そのテーマの進展に一喜一憂するしかなく、壁に当たった場合は仕事が進まなくなります。その場合、研究が苦痛に思えるだけでなく、思考が狭い領域に集中するため、突破口を見出し難くなります。

実験の過程を円滑に行うためには、実験ノートの作り方にコツがあります。実験ノートは大学ノートのような綴じられたものを使うことが多いのですが、ルーズリーフ形式の実験ノートを用いることにより、複数の実験を同時平行して行うことができます。その際、集計用紙のように青い枠線の入ったリーフを使うと容易に表を作成することができるので便利です。実験ごとにリーフを作成し、実験実施中は良く見える場所に出しておき、データを記入していき、実験が終了したものからとじ込むようにします。この用紙は、ルーズリーフのように事前に穴が明けられたものである必要はなく、専用のパンチで穴を空けることにより二穴ホルダーにも多穴ホルダーにも整理することができます。

複数のテーマが平行して進行している場合、実験の待ち時間を有効に使えますし、一方のテーマが進展していない状況でも他方のテーマが進展していればストレスは少ないものです。全く異なるテーマを追究することはないでしょうから、それぞれのテーマから得られる情報は他のテーマの進展に寄与します。

　四年次の学生には一つのテーマに絞って実験を開始させ、実験の基礎について教えるようにしています。そのテーマで何らかの結論を得るまで頑張らせ、自信と達成感を与えますが、それが終了すると第二の関連したテーマを与え、複数の作業を平行して遂行できるよう訓練することにしています。

実験の計画

　実験はある作業仮説に基づいて計画し、その結果を評価するものですが、評価においては作業仮説にとらわれすぎると自由な視点で考えることができなくなります。実験計画の策定にあたっては多くの事項について考慮し、特定の結果を導くために条件設定を行うことが必要です。しかし、その評価にあたっては先入観にとらわれることなく、虚心坦懐に結果を眺めることが重要です。それによってはじめて新規な発見をすることが可能となります。

　実験の実施にあたっては、開始時点で可能な限り準備を終了し、実験開始後は機械的に実験の進行を追いかけるのみで良いように準備すべきです。データ記入用の表を作成し、すべての器具を揃え、必要な場合には実験器具にすべて番号やマークを入れておきます。このような準備を行うことにより、実験実施上のミスを未然に防ぐことができるだけでなく、実験作業の完全な理解を達成することができます。

上記の集計用紙形式の実験ノート用紙は、データ記入用の表の作成を容易にします。青線はコピーされないので、必要な線を引けば表が完成します。実験の表題、日時、実験者氏名、実験の目的、その実験の特徴など重要な点を簡潔に記載し、データ記入用の表を作成します。この表を作成することにより、実験の内容が明確になり、対照区の取り忘れなどのミスを事前に防ぐことができます。また、必要な資材の種類と量を確認することが容易になります。

このような準備をすませておくと、実験の遂行に余分な精力を費やす必要がなくなるので、実験の経過を観察する余裕が生まれ、新しい発見につながる事実を見落とすことが少なくなります。実験科学においては、実験の成否の七〇％は適切な計画を立てることができたか否かにかかっていると考えてください。実験の実施は作業仮説の成否を確認する作業に過ぎません。

実験の実施

実験を行うにあたっては、計画以上の情報を獲得するための観察を怠らないようにします。通常、実験計画はそれまでに獲得された研究情報に基づいて構築されるため、得られた結果から導き出される情報は常識の範囲を出ないことが多いものです。新規かつ重要な情報は、実験結果が予想とは異なる場合に得られることが多く、予想外の結果が出た場合に科学者は新しい学問分野の入り口に立つことになります。このような予想外の結果が得られた理由を見出すためには、実験過程の綿密な観察が有効です。熟練した観察者は、実験過程で起こった異常について見落とすことなく、正確な記録を残しているもので、それによって予想外の結果を与えた原因を追及することが可能になります。

実験は必ずしも予定通りに進行せず、目的とする情報を得るためには実験途中で計画を変更することも必要となります。実験が予定通り進行しているか否かを確認するためには、測定結果をすぐグラフに記入し、予定した直線もしくは曲線が得られつつあるかを常に確認する必要があります。継時的な変化を追跡している場合、実験終了後にグラフを作成し、はじめて変曲点やピーク位置が求められていないことに気付いても後の祭りです。このような実験では、つねに余分に試料を用意し、実験実施中でも測定点の変更や追加を可能にしておくべきです。しかしながら、その準備も測定直後に数値をグラフに記入し、その評価を行う努力をしなければ何の意味もありません。

データ整理

実験結果の一次情報としての整理はまず時系列にしたがって行います。すなわち、実験終了後順次ファイルに綴じ込めば終了します。その際、実験の日時、実施者名、数値に表れない観察事項などは必ず記載しておきます。

このようにして得られた結果を論文に用いるためには、何らかの形でデータを編集し、図表化することが必要となります。このような二次情報を組み合わせることにより一編の論文を作成することになります。したがって、論文に利用することを前提とした図表類はランダムアクセスが可能なファイルに分類して収める必要があります。A4サイズの用紙の上半分に図表を収め、下半分にその図表から得られた主な結果、さらには実験的意義をメモしておけば論文作成の大きな助けとなります。

このようなファイルを常備し、データの組み合わせについて日常的に考察することにより、論文作成のアイデアを得ることが可能になります。

5 論文投稿の意義

上述したように、科学論文の作成はそれほど難しいものではなく、主張しようとする内容を絞り込み、作成の要領を覚えることにより容易なものとなります。論文の質は得られたデータと著者の表現力に大きく依存しますが、一流雑誌で第一級の論文として評価されうる結果を得る確率は非常に低いものです。また、そのような結果が得られた場合にも、著者の表現力が不十分であれば一流雑誌に投稿することはできません。論文作成能力は、査読者の批評に耐える論文を作成し、修正を行う修練をへて培われるものです。したがって、積極的に論文を作成する意欲を持たなければ研究者として大成することはできません。

論文の執筆は、研究者個人の能力を高めるだけでなく、研究室の志気を高め、研究能力を向上させます。大学の多くの研究室では、三年次の途中もしくは四年次への進級時に研究室に配属され、修士課程、さらには博士後期課程に進み、研究者としての修練を行います。この過程で、これらの学生が実施した実験結果が論文に採用され、共著者として名前が記載された論文が公表されることは、研究者としての意欲を大きく高めることになります。このようにして共著論文を得た学生は、論文執筆を身近なものと感じ、第一著者として論文を作成する意欲を持つようになります。論文作成能力は、第一著者として論文の作成および修正を実際に経験することによりはじめて向上するものです。したがって、意欲ある研究者には積極的に論文の作成を進めるべきです。

一流とは言えない結果を用いて、二流以下の論文を作成し、投稿することは時間の無駄であるとする議論があります。しかしながら、論文作成の作業は、研究者の全般的な能力を高めるだけでなく、その時点で保有している結果に基づき推察できる最大限の主張を行うことにより、古い結果を改善する努力を不必要とする点にあります。ある意味では、論文作成の作業は古い結果を忘れるために行うことであり、それによって、それまでの結果にとらわれることなく自由な発想のもとに実験を計画することが可能になります。論文作成の作業が、それまでの研究の問題点把握および新しい仮説の構築などにつながることも多いものです。

以上述べてきたように、研究者の成長は論文作成の積み重ねによるものであり、論文の作成を通じて構想力、表現力、論理性、独創性等々を磨くことが研究者にとって最も重要な作業です。若手研究者は、常に論文作成を念頭におき、主張すべき内容について考えるとともに、その主張の論理性および客観性を確保する修練を行うことが必要です。

6 学位論文の作成

論文の形式

わたしの研究室では原著論文の作成は英語を基本としていますが、和文での投稿も行っています。論文の作成は学生の研究能力の向上に寄与することを目的としているので、得られた結果が英文での論文作成に値しないものであれば和文での作成を指示することになります。また、企業などからの委託実験を公開する場合、日本語での論文の方が利用価値が高い場合があり、和文での論文作成を優先することもあります。

われわれが所属する化学系の分野では、四報以上の原著論文を取りまとめて学位論文として提出し、農学博士号を取得することが一般的です。日本人の学生には研究成果は英文で投稿するが、学位論文は日本語で作成するよう指導しています。業績としては国際的評価に耐えるものを蓄積させることが好ましいのですが、学位論文はその研究者が部下もしくは学生を指導する際の手引きとして用いることが多いからです。留学生については、いずれも英文での作成を指示しています。

英文もしくは和文で投稿した論文を一冊の学位論文にまとめるためには統一性を確保するための作業が必要になります。英文を和文に直す必要があるので、かえって手間がかかるようですが、将来の使い勝手を考えると時間をかける意義があります。

学位論文の構想を練る手順は上述した論文作成の手順に準じて行えば良く、一つの章が一つの論文に相当すると考えて結構です。まず目次を作成し、各章のタイトルを仮決定します。第一章は緒論ですので、第二章から結果を含む章が始まり、最終章が総括になります。ここまでが本文で、一〇〇ページ以上、一五〇ページ以内が適当な分量です。これに謝辞および引用文献が続きますが、私は謝辞を最後に記載してもらうことにし、総ページ数を目次で確認しやすいようにしています。

引用文献は、本文中には（Yamada et al., 2003a）のような形式で引用し、文献リストには第一著者名のアルファベット順で記載するように指導しています。また、タイトルを含む全情報を記載するよう勧めています。すなわち、投稿論文作成の準備段階の形式で学位論文を作成させておき、未公開部分の投稿を容易に行うことができるようにしておく訳です。この形式は、学位論文を実験のテキストとして利用する場合にも便利です。

目次に沿って、各章ごとに図表をファイルし、十分な数の図表を準備できているか確認します。四枚以上の図表が集まらない章があれば目次立てを再検討します。学位論文では一章分の図表の枚数が多くなるのは許容できます。

論文作成上の注意点

学位論文の作成で頻繁に表れるミスについていくつか説明します。

まず、数値の書き方ですが、数字と単位の間に半角スペースを入れ忘れるケースが目立ちます。これは、英語の投稿原稿をチェックする場合にも頻繁に目につくことですが、数字と単位の間にはスペースを入れます。スペースを入れないのは「%」と「℃」だけですので、注意してください。日本語と英文字が混在する場合、英文字は半角文字で記載し、スペースの入れ方も英文と同じ基準を用います。

括弧は、全角を用いるか半角を用いるかを論文全体で統一します。半角括弧を用いる場合、半角スペースを併用しますが、後に「。」や「、」がくる場合は間延びするのでスペースを入れません。

ギリシャ文字を全角文字で記載するケースが目立ちますが、これは半角のSymbolフォントを用います。全角文字を用いた場合、切ってはならない単語が分断される結果になります。また、海外に電子ファイルで論文を投稿する場合、文字化けして読めなくなります。

和文中に英単語を挿入する場合、最初に大文字を使うか否かについて統一する必要があります。文の途中に出てくる英単語で最初に大文字を使うのは固有名詞に限られており、一般名詞は小文字で始めるのが一般的です。強調する目的で大文字を英単語のはじめに用いることも結構ですが、論文全体で統一することが重要です。図表のタイトルなどの記載でも大文字の使い方は統一します。最初のみ大文字とする方法、名詞や動詞をすべて大文字ではじめる方法などがあります。

英語のスペルミスも良く目につきますが、和文原稿を作成する場合も英語のスペルチェックを働かせるようにします。専門用語をパソコンに登録する必要が生じた場合、必ず辞書を見て、正確なスペルで登録するようにします。

略号の使い方は常にミスが見られます。略号の定義は最初にその用語が表れた際に行い、少なくともその章を通して定義した略号を用います。論文全体で略号を統一して用い、目次の後に略号表を付記する方法がありますが、記載洩れが多いことから現在はこの方法はお勧めしません。略号は章単位で設定させることにしています。また、本文中の章、節、項などに用いられるタイトルや図表のタイトルには極力略号は使わない方が好ましいので、省略しない形で記載するよう指導しています。

申請手続きと審査

学位論文は主論文を二冊、参考論文集を一冊製本して提出します。同時に、学位審査願、履歴書、業績リスト、論文内容の要旨を提出します。履歴書では、卒業日は実際に卒業式が行われた日を記入しなければならないのに対し、入学日は入学式の期日にかかわらず四月一日と記載します。業績リストは、主論文に直接関係があるものを先に並べ、主論文と直接関係のない論文を次に並べます。

論文は、主論文と直接関係のある論文としては一回しか使うことができません。課程博士の申請では必要ありませんが、論文博士の申請では主論文と直接関係がある論文については共著者全員からその使用を許可する承諾書を提出してもらうことになります。

博士論文の作成に四報以上の原著論文を用いると書いたのは、主論文と直接関係があるものを四報以上用意することを意味しています。九州大学農学研究院では学位取得の最低基準が定められていないので、これより少ない業績でも学位申請は可能ですが、それではポスト・ドクトラル・フェロー（博士研究員）での採用すら困難になります。私の研究室では、学位の取得を目的とするのではなく、学位取得後望みのポストを獲得することができるように業績を蓄積するよう指導しています。

論文内容の要旨は字数の制約があるので、研究内容のすべてを記載することはできません。重要な成果を中心に簡潔に記載することが必要です。上記の書類を事務に提出すると、協議会で審査員が決定され、教授会で承認を受け、論文審査が可能になります。翌月の教授会までに審査を終えておく必要があるので、通常、教授会を通過して二週間以内に論文公聴会および口頭試問が行われることになります。

論文公聴会では三〇分程度の講演が求められます。研究内容のすべてを克明に話すことはできないので、重要な部分を優先して、簡潔に話すことが必要です。

課程博士の申請は、十二月下旬に書類を提出し、一月の協議会および教授会で論文審査の許可を得、二月の教授会で審査することが一般的です。以前の教授会申合わせで、十一月頃から提出可能となっていますが、その例はほとんどありません。論文博士の申請はいつでも可能です。

就職や留学の都合でより早く学位を取得したい場合、十分な業績があれば早期の申請と学位取得が可能になっています。博士後期課程三年次からその資格が得られ、早期申請に価する業績があることを示す理由書を付して学位申請を行うことになっています。

第六章　大学の教育システム

大学に合格した学生達、とくにアドミッション・オフィス（ＡＯ、総合評価方式）方式で入学した学生達は大学に夢を持って入学してきます。しかし、入学後目の輝きが急速に失われ、積極的に勉学に励んでいる学生の比率が低下していくのが現状です。その原因の一つに、大学の教育システムや勉学の目的について十分な情報を得られないことがあると思われます。そこで、私が所属する九州大学農学部および大学院生物資源環境科学府の教育システムについて解説することにしました。

九州大学農学部には二〇〇名を超える教員が勤務していますが、大学教員の多くは研究業績に基づいて採用されており、研究が本務であると考えています。しかしながら、大学の本来の業務は教育であり、教育システムの改善について一層の努力が求められています。現在、ファカルティー・ディベロップメント（ＦＤ、大学の理念・目標や教育内容、方法を改善するための組織的な研究、研修などの取り組み）や学生の授業評価の実行、学生相談員によるピア・アドバイザー制度の開始など、教育システムの改善努力が行われていますが、九州大学の教育システムに関する情報の公開が進んでいないため、それぞれの分野でシステムの改善に関与する教員は手探りで業務を進めざるを得ない状況にあります。本章では、九州大学の「農学部自己点検評価白書」の取りまとめや学務委員長業務などを通じて得られた情報を記載し、学部を問わず学生教育の現場での参考にしていただくことも目的としています。

1 教育システム

新入生の受入れ

入学式の翌日に履修解説が行われ、農学部では学務委員長はもしくは副委員長が出席して説明を行っています。

まず、大学で作成したビデオによる履修解説が行われます。ここでは九州大学の履修方式が説明され、単位取得の方法も示されます。引き続いて学務部より配布された追加説明資料を読み上げますが、ここでは情報処理実習やセクシャル・ハラスメントへの対応に関する情報を伝達しています。これらの必須の作業が終了した時点で五分程度の時間が残りますので、学生生活を送る上での重要なポイントについて説明しています。

九州大学農学部では以前は理科の受験科目二科目のうち、化学もしくは物理学を大学入試の必須科目として交互に指定していたため、受験生のほとんどはこの二科目を選択して受験していました。その後、科目指定が大きく緩和され、生物学を受験して入学する学生の比率が増加してきました。その結果、大学入学後に物理や化学の講義についていけない学生が見られるようになりました。農学部の低年次学生に修学上の問題点についてアンケートをとると、農学部で数物系の科目をこれ程多く修得する必要があるのかという意見が多く得られます。また、当該科目もしくは当該学期の単位の取消処分につながる不正受験行為の発覚は物理系科目に多く見られます。しかしながら、物理学より化学が派生したこと、現在の生物学の理解には物理・化学的知識が不可欠となっていることを説明し、科学の基礎としての物理学の重要性を伝えています。また、大学では自主的な勉学が必要であり、目的を持って勉学に励むことを勧めています。

つぎに、修学に関する疑問を早期に解決するため、学務委員長が毎日十二時から十三時の間を学生優先のカウンセリング時間として開放していることを伝えています。しかし、低年次（一年次から二年次前期まで）を対象とした講義を担当しなかった学期では低年次の学生が相談にきた例はなく、学生に相談に行く気にさせるためには講義などでの学生との接触が必須であると思われます。

クラス担任

九州大学は、基本的に六本松地区と箱崎地区にありますが、教養部が廃止される以前は六本松地区の教員がクラス担任を担当し、廃止後は六本松教員一名に農学部所属教員一名が追加され、二名で担当することになりました。農学部所属教員がクラス担任を務めるようになった当初は学生との接触を保つために積極的に取り組んだ教員も見られましたが、その後は学生との接触が減少しているようです。クラス担任制の充実を目的として、農学部所属教員が二名に増員されましたが、状況の改善にはつながらなかったようです。クラス担任制が十分に機能していないという批判があるため、学務委員会で改善策について検討していますが、箱崎地区を本拠地とする教員が六本松を中心に生活している低年次学生と十分な接触を保つためにはそれなりの配慮が必要であると考えています。

農学部では、十二時から十三時の間を節電時間として不要の照明を消灯していますが、私はこの時間帯を学生優先の時間として学生の相談を受けています。相談にくる学生の数は多くはなく、私が所属する分野の学部生や学府の大学院生が主体です。一、二年次の学生を対象とした農学入門および低年次専攻教育科目を担当していた時期には講義終了後に相談にきた低年次学生もいましたが、これらの講義の担当をはずれて以来相談にくる低年次学生はいなくなりました。これは、講義を受けて話をしやすいと感じた教員でなければ学生は相談にこないことを示しています。農学部所属教員のクラス担任は輪番制で任命されていますが、低年次学生に対して講義を行っている農学部教員は少ないので、存在感が薄いものとなってしまいます。このような状況では、学生との接触を深めるためには特別の手段を考える必要があります。

後述するように、農学部学生は一年半の低年次教育の成績でコース・分野配属が行われ、さらに半年後に二年次後期の成績で分野配属が行われるという競争的環境の中で生活しています。低年次においてこのシステムを理解していなければ希望の学問分野に進むことができなくなり、修学意欲の低下をもたらす可能性が生じます。このような状況を未然に防ぐためには、入学時に農学部のシステムについて十分に理解させるとともに、修学意欲の低下した学生に対して早期に助言を行うことが望まれます。したがって、農学部所属のクラス担当教員は入学後のオリエンテーションにおいて農学部の教育システムについて十分な説明を行う必要があります。

日常的に会うことのない学生との接触を保つ手段の一つに電子メイルの活用があげられます。これまで、修学上の問題から退学を希望した学生あるいはひきこもり学生の相談を受けたことがありますが、学生との接触が困難な状況においては電子メイルを用いた情報交換は非常に有効でした。農学部所属のクラス担当教員は学生と直接接触する機会が少ないので、電子メイルを活用することが望まれます。電子メイルを用いると面談では話すことのできない相談が可能になりますし、引きこもった学生について唯一の接触手段となる場合があります。電子メイルを用いた学生との情報交換はレポートの提出を電子メイルで提出させることにより容易なものとなります。実際に電子メイルのやりとりを教員と行った経験がなければ、学生は修学上の相談を行うために教員に電子メイルを送る気にならないと思われます。私も、引きこもり学生一名および研究室でのトラブルで休学した学生一名との連絡を電子メイルで行うことにより、彼らの社会復帰および大学への復帰を果たした経験があります。

修学相談システム

学生の修学上の相談窓口として修学相談室が設置され、修学相談員の教員が対応しています。各学部でも修学相談員が任命され、学生の修学上の相談に対応していますが、これらのシステムに関する情報が十分行き渡っていないため、学生の多くは修学相談員の存在を知りません。

学生が悩みを相談する相手は多くの場合友人であり、親や教員に相談するのは最後の手段となる場合が多いものと思われます。そこで、学生が相談員として相談を受けるピア・アドバイザー制度の全学的な導入が計画され、農学研究院では二〇〇三年度後期に試行しました。今回選ばれた三名の学生相談員との事前打合せと相談を受けた項目で判断すると、農学部学生の最大の問題はコース・分野への振分けに関する情報の不足であるようです。コース・分野振分けの実状、個々の学生の学年順位の開示、コース・分野に所属する研究室の研究内容などに関する情報を開示することが求められているようです。一年次終了時の学年順位を個々の学生に開示することは可能であり、配属希望の決定に役立ちますので、二〇〇四年度から開示する方向で準備しています。

このピア・アドバイザー制度については、学生相談員の役割は学生の悩みを聞くことであり、悩みの解決は教員側が主として対応すべきであると考えています。しかしながら、相談にきた学生の悩みを理解するためには、農学部および生物資源環境科学府の教育システムについて学生相談員に十分な知識を与えておく必要があり、それが本稿を執筆した理由の一つでもあります。

私は農学部教員に就任して以来、他研究室の学生を含め多くの学生の修学相談を受けてきました。学務委員長就任後は、学生優先の時間帯を設けて学生の相談を受けています。修学上の問題が生じやすいのは友達付き合いが苦手な学生であり、他人と話すことが苦手な学生はグループによる学生実験や研究室に配属されて先輩と密接な関係を保って研究することが苦痛となる場合があります。このような学生に対しては他人との付き合い方について気長に教えるしかありません。文科系、体育系を問わず、何らかのサークル活動を行ってきた学生はこのようなトラブルに苦しむことはありませんので、学生には課外活動に積極的に参加すること、大学当局には課外活動のさらなる支援をお願いしたいと考えています。

努力する割には好成績を得られない学生、周りの進度について行けない学生が相談にくる場合もあります。このような問題を抱える学生の多くは非常に生真面目であり、すべての用務をきちんとやることが必要と考えています。その結果、多くの作業で進度が遅く、達成度が不十分であるといった評価を受けることが多くなります。このような学生には、もっと気楽にやること、用務に優先順位をつけること、好きなことや重要なことにより多くの時間を費やすことなどを助言しています。

生真面目な学生は、親の意見や周囲の意見を尊重するあまり、大きなストレスを抱え込む場合があります。親の期待に添えない場合に「ひきこもり」に入るケースがあり、一気にストレスが爆発した場合に家出、休学、退学などの事態に導くことがあります。親の期待に沿って勉強し、大学に入学してきた学生達は自分の適性や好みについて理解していないことが多く、自分で決断することに慣れていません。勉学に復帰させるには学生自身に目的を持ってもらうことが必須であり、行きたい道を見つける手助けを行うしかありません。

相談内容で最も多いのは進学、就職関係です。他大学の大学院に行きたいということで、希望する大学および研究分野に関する情報を尋ねられることがありますが、これについては回答すべき情報を持っていない場合が多くなります。就職については、どのような会社がいいのか、ある会社に内定したが行った方がいいのかなどの質問を受けます。企業の選択の良否は十年、二十年の勤務の後にある程度分るものであり、選択しなかった道との比較はできないものです。重要なことは進路の選択を自分で行ったか否かであり、人の意見に従って選択した場合、逆風に耐えることはできないことを伝えています。好きな道を自分で選び、選んだ職務の中に積極的に楽しみを見出していく姿勢が人生を豊かなものにし、成功にも導くことを教えています。

低年次専攻教育

低年次学生向けの講義として、農学入門および低年次専攻教育科目があります。農学入門は、大学院重点化以前に存在した九つの学科の代表教員九名に大学院専担講座を中心とする遺伝子資源工学部門の代表教員一名を加え、合計十名の教員がオムニバス形式で講義を行っています。

一年次の前期に開講され、農学部一年次の学生に他学部の学生を加えて三〇〇名前後の学生を三クラスに分割して講義が行われています。十名の教員がそれぞれの学問領域について九〇分の講義で伝えなければならないため、講義内容は浅く幅広いものになるか、深く狭いもののいずれかにならざるを得ません。個々の教員は同一内容の講義を三つのクラスに対して行うことになります。

私は農学入門を二年間分担し、二年目は責任教員として成績の取りまとめを行いました。その際、講義の出欠をかねて農学入門に対する感想を書いてもらいましたが、他学部の学生が農学の幅広い領域に関する知識を得ることができることに高い評価を与えているのに対し、農学部学生はより充実した講義を望む者が多いという結果が得られました。

農学入門はオムニバス形式である上、各学問分野から選出される代表教員が毎年異なる点に難点があります。感想には、講義上の問題点も記載してもらいましたが、予告なく休講が行われたことに対する不満が大きく、教員により学生の満足度が大きく異なることも明らかになりました。これは、講義担当教員が輪番制で決定されることが多いため、低年次教育への意欲や講義への準備の充実度が教員により大きく異なることによるものと思われます。そこで、農学入門の講義の質を維持するため、学務委員会で統一教科書の作成について討議したことがありますが、教員側の協力を得ることができずに終わりました。

低年次専攻教育科目はより専門性の高い低年次学生向けの講義で、現在八つの科目が開講されています。当初は九つの旧学科がそれぞれ一つの科目を担当し、オムニバス形式で複数の教員が分担して実施したこともありますが、現在では一名の教員が一学期を通して輪番制で講義を担当する形式と、数名の教員が一学期の講義を協力して実施する形式のいずれかが行われています。

講義内容が専門領域に深く関わっているため、農学部学生の評価が高く、コース・分野選択の判断基準の一つとなっています。大学での成績と入学試験の成績との相関関係が認められないのに対し、低年次における成績は卒業時の学部成績と相関することが明らかにされています。この結果は、低年次における学修意欲の維持が卒業あるいは大学院修了時まで影響することを示しており、低年次教育の重要性を如実に現しています。これは、農学入門の担当として教育能力の高い教員を派遣し、低年次専攻教育課目で充実した講義を行うことが、学習意欲の高い学生を獲得する最も有効な手段であることも意味しています。

農学入門および低年次専攻教育科目を担当していた時期に、低年次学生に農学部教育に関する要望を書いてもらいましたが、低年次から実習および専門教育を行って欲しいと要望する学生がかなり存在しました。農学部では、新入生施設見学を四月中旬に実施し、農場および演習林を見学させていますが、早く農学の現場に触れたいという思いが強いようです。したがって、一年次の学生を対象に実施される泊まり込みの演習林実習は希望者が多く、全員を受入れることが不可能な状況にあります。六本松地区では農学部を退官した教員により少人数クラスの講義が行われ、高い評価を受けていますが、箱崎地区で現役教員による少人数クラスを開講することも学生の要望に応える一つの手段であり、学務委員会で検討しているところです。

低年次の講義と進級

単位取得における評価は一〇〇点満点で行われ、学務部に報告されます。現在、学生への情報提供は優（八十点以上）、良（七十～七十九点）、可（六十～六十九点）、不可（六十点未満）の四段階評価で行われ、学生は各科目の評点および学年順位を知ることができません。農学部では、進級にあたり学生の希望と学年順位に従ってコース・分野の配属が行われます。学生が余分に単位を取得している場合、高得点の科目から順次学年順位の決定に使用されますので、総得点順位は学年順位と必ずしも一致しません。入学年次により進級に必要な総単位数が異なり、総得点も異なりますので、留年した学生の場合は総得点を比例配分することにより学年順位が決定されます。したがって、各科目で高得点を獲得することが第一希望への配属を確実にする道です。

農学部に入学する学生の一部は、入学後に進路を決定することができることに魅力を感じて入学してきます。志望校決定時に自分の進路について信念を持っている高校生は少ないと思われるので、この方式は学生にとっては魅力の一つであると思われます。また、入学後の競争環境は修学意欲の維持に寄与し、農学部の学生は真面目に勉学に取り組むとの評価がなされています。しかしながら、単位修得が困難な講義や高い評点を得難い講義においてその単位の修得をあきらめつつある学生のなかには、修学態度が非常に悪いという評価を受けることがあります。一年次の単位を取ることができなかった場合、二年次前期に他の教員の講義を受けることにより単位の取得が可能になるケースがあります。このように、同一の科目を複数の教員が担当する場合、クラスにより成績評価基準が大きく異なると学生の不満が大きくなります

農学部学務委員会では低年次教育を担当する全学教育実施委員会および各科目の実施部会に成績評価のばらつきの解消をお願いしており、改善の努力が行われています。同じ努力が同じレベルで評価されないことは問題ではありますが、大学の教育は単位を取れれば良いというものではないと思います。自分の進みたい進路を速やかに決定し、その分野で十分な活動を行うことを可能にするための勉学ですので、単位取得の難易度について云々する前に自己修練の機会として講義を受けて欲しいと考えています。

農学部は、四つのコースと十一の分野から構成されています（表六・一）。これらのコースおよび分野の概要については、入学時のオリエンテーションで配布される冊子に記載されていますので参照してください。生物資源生産科学コース（定員八十五名）には農学分野、地域環境工学分野、生物生産システム工学分野、農政経済学分野が含まれますが、本コースは構成する分野が多様性に富むため、例外的に分野への直接配属が行われています。応用生物科学コース（定員七十五名）には農芸化学分野および食糧化学工学分野が、地球森林科学コース（定員

表6・1　農学部の構成

コース（定員）	分野	研究分野
生物資源生産科学（85名）	農学	植物育種学、作物学、園芸学、植物生産生理学、植物病理学、昆虫学、蚕学。
	地域環境工学	灌漑利水学、水環境学、土環境学、気象環境学、生物環境情報学。
	生物生産システム工学	生物生産工学、生産流通科学。
	農政経済学	農業経済学、農政学、農業経営学、農業計算学、農産物流通学。
応用生物科学（75名）	農芸化学	土壌学、植物栄養学、土壌微生物学、発酵化学、生物化学、農薬化学。
	食糧化学工学	栄養化学、食糧化学、食品分析学、食品衛生化学、食品製造工学、微生物工学。
地球森林科学（40名）	森林機能制御学	森林計画学、森林保全学、森林政策学。
	森林機能開発学	造林学、植物代謝制御学、木質資源科学、森林生物化学、森林圏環境資源化学。
	生物材料機能学	木質資源工学、生物資源化学、資源高分子化学。
動物生産科学（35名）	水産学	海洋生物学、水産増殖学、水族生化学、海洋資源化学、水産生物環境学。
	畜産学	家畜繁殖生理学、家畜生体機能学、動物学、畜産化学、家畜飼料生産利用学。

四十名）には森林機能制御学分野、森林機能開発学分野、生物材料機能学分野が、動物生産科学コース（定員三十五）には水産学分野および畜産学分野が含まれます。三つのコースでは学生は二年次後期に各コースに配属され、三年次前期から分野配属が行われます。

分野配属の方法はコースにより異なりますが、私が所属する応用生物科学コースでは学生の希望と二年次後期の成績に基づき、三十五～四十名の範囲で分野配属を決定しています。

私見としては現在の農学部の配属方式は競争過多の環境にあると感じており、講義選択の自由度も低いと考えています。九州大学が真にCenter of Excellenceを目指すのであれば、学生の個性を伸ばす教育を行うべきであり、過度の競争を排除し、修学上の自由度を拡大すべきであると思います。入学後の進路決定方式はそれなりのメリットを有しており、廃止する必要はないと思いますが、大学院重点化に伴って実施されたコース配属は不必要であり、すべてのコースで直接分野配属を行うことが望ましいと考えています。これはコース制の廃止を求めるものではなく、卒業に必要な単位の設定や講義および実習の一部をコース単位で実施することによりその利点を大いに活用すべきであると思います。また、科目選択の自由度を拡大することにより幅広い学問領域での勉学を可能にすることが重要であると考えています。現在の大学教育は「教える」ことに力点が置かれていますが、優れた能力を有する学生を育てるためには「育む」ことにより多くの努力を費やすべきであると考えています。

進級ガイダンスは昨年まで七月に実施され、配属希望の一次調査が行われてきました。二年次前期の試験結果が出た時点で二次調査が行われますが、その際、学生は第一希望から第七希望まですべて記入して提出します。配属は第一希望を優先して学年順位に従って機械的に決定されます。第一希望に配属されなかった場合、首尾よく第二もしくは第三希望に配属される場合もありますが、最悪の場合第七希望に配属される場合があり、学生の修学意欲を大きく損なうことにもなります。必要単位をすべて取得している場合、学生の希望で留年することはできないので注意が必要です。希望のコース・分野に配属されなかったからといって、留年を選択することはできないので、配属希望順位の記入にあたっては十分配慮する必要があります。二〇〇三（平成十五）年度の進級ガイダンスにおいて、進級システムに関するアンケートを実施しましたが、その際ガイダンスの時期を早めて欲しいとの意見がありましたので、二〇〇四年度からは五月にガイダンスを実施する予定で準備しています。

現在、学生は学年順位を知ることなく配属希望を提出しなければなりませんが、一次調査に先立ち、一年次終了時点の学年順位を知らせることができれば配属希望順位の記入に参考になると思われます。これについては実施可能ですので、平成十六年度から個々の学生に知らせることにしています。また、各年度の配属結果に関する必要最低限の情報、たとえば各コース・分野に配属された学生の最低の学年順位を知らせることも配属希望順位の記入に助けになると思われます。このような情報開示はコース・分野の人気度を公開することになり、教員側の抵抗が大きいことが予想されますが、現状を把握することによりはじめて教育内容改善の必要性が認識されると考えています。

表六・二に平成十四年度における農学部の進級状況を示しました。平成七年度入学者が一名未配続のまま残っていますが、この学生には休学期間があり、卒業の可能性は残っています。平成十年度から十三年度入学の学生の中には数単位不足しているだけの学生が含まれています。教養部廃止以前は若干の単位不足は特別進級制度により仮進学が可能でしたが、現在はこの制度は行われていません。留年は修学意欲を減退させるので、仮進学の復活について学務委員会で審議しましたが、当時より進級要件が緩和されており、これ以上の緩和は避けるべきであるとの意見が大勢を占め、現状を維持することとなりました。未進級者に対しては、コース・分野ガイダンスとは別にガイダンスを実施していますが、このガイダンスに出席するのは直近年度の入学者のクラス担任に限られています。クラス担任は学生の卒業まで面倒を見ることになっており、未進級者を出さないよう努力するだけでなく、進級できなかった学生のアフターケアを充実することが望まれます。

表6・2　平成14年度における農学部の進級状況

進級者	未進級者（入学年度別）				
	7年	10年	11年	12年	13年
247名	1名	1名	5名	3名	13名

コース・分野教育

進級者に対して、各コース・分野でガイダンスが行われ、以後の勉学に関する情報提供が行われます。コース配属後はコース長、分野配属後は分野長との結びつきが強くなります。コースに配属された学生は二年次終了時点で分野に配属されますが、分野配属の方法はコースに任されています。私が所属する応用生物科学コースでは、学生の希望と二年後期の成績で配属が決定され、ここでも希望分野に配属されない学生が現れます。また、当分野では三年次終了時に必要単位の確認が行われ、進級可能な学生を各研究分野（旧小講座）に配属しますが、ここでも配属希望が特定の研究室に偏り、希望の研究室に配属されない学生が現れます。

このように、農学部所属の学生は繰り返し競争に勝ち抜くことを求められています。希望の進路に進むことができた場合はその苦労が報われたことになりますが、進めなかった場合には修学意欲の減退が生じる危険があります。一旦コース・分野への配属が行われると卒業まで変更できませんので、修学意欲の維持について格別の配慮を行う必要があります。希望の分野に進めなかった学生は、大学院受験の際に研究分野の変更を行うことが可能ですので、配属された分野で将来必要となる勉学に励むことができます。相談を受けた場合、変更不能の過去について悩むより明日に向けて努力することが重要であると教えています。

表六・三に生物資源環境科学府の構成について示しました。大学院は大講座制をとっており、学部学生定員を持たない大学院専担講座以外は複数の研究分野（小講座）から構成される大講座を単位としています。学部と異なる構成になっていますので注意してください。また、生物機能制御学、蛋白質化学工学、細胞制御工学の三専担講座と生物機能化学講座の生物化学研究

表6・3　生物資源環境科学府の構成

専攻	講　　座	研　究　分　野
生物資源開発管理学	生物保護管理学	生物保護管理学（大学院専担）
	遺伝育種学	植物育種学、蚕学
	植物保護防疫学	植物病理学、農業薬剤化学
	動物昆虫学	動物学、昆虫学
	生物的防除学	天敵微生物学、天敵昆虫学
植物資源科学	植物機能利用学	植物機能利用学（大学院専担）
	農業植物科学	作物学、園芸学
	植物生産科学	土壌学、土壌微生物学、植物栄養学
	農業生産生体学	農場
生物機能科学	生物機能制御学	生物機能制御学（大学院専担）
	生物機能化学	生物化学、栄養化学、食糧化学、畜産化学
	食品バイオ工学	食品分析学、食品製造工学、食品衛生化学
	応用微生物学	発酵化学、微生物工学
	海洋生命化学	水族生化学、海洋資源化学、水産生物環境学
動物資源科学	高次動物生産システム学	高次動物生産システム学（大学院専担）
	家畜生産学	家畜生体機構学、家畜繁殖生理学、家畜飼料生産利用学
	海洋生産生物学	海洋生物学、水産増殖学
	水族生産学	水産実験所
農業資源経済学	国際農業資源開発・経営経済学	農業経済学、農政学、農業経営学
	農業関連産業組織学	農業計算学、農産物流通学
生産環境科学	生産環境情報学	生物環境情報学（大学院専担）
	地球環境科学	灌漑利水学、水環境学、土環境学、気象環境学
	生産システム科学	生物生産工学、生産流通科学
森林資源科学	森林圏環境資源科学	森林圏環境資源科学（大学院専担）
	森林機能制御学	森林計画学、森林保全学、森林政策学
	森林機能開発学	造林学、森林生物化学、木質資源科学
	生物材料機能学	生物資源化学、資源高分子化学、木質資源工学
	森林生態圏管理学	演習林（流域環境制御学、森林生産制御学）
遺伝子資源工学	遺伝子制御学	遺伝子制御学（大学院専担）
	蛋白質化学工学	蛋白質化学工学（大学院専担）
	細胞制御工学	細胞制御工学（大学院専担）
	遺伝子資源開発学	昆虫遺伝子資源学、植物遺伝子資源学、微生物遺伝子工学

室はシステム生命科学府に教育研究の主体を移しているので、大学院受験にあたっては十分情報を獲得する必要があります。九州大学大学院生物資源環境科学府の組織、教員名、定員、大講座の研究内容などについては、毎年発行される概要により知ることができます。また、各研究分野の研究内容は農学部ホームページに掲載されています。

学生の授業評価とファカルティー・ディベロップメント

学生の授業評価は講義内容の改訂に大きく寄与します。私が総長補佐を務めていた当時、学生の授業評価の是非について総長補佐会で議論されており、すでに導入している私立大学のアンケート内容について検討を行いました。この年は教授昇任の年でもあり、担当する「食糧化学」および「食糧製造化学」の講義内容を現在必要とされる状況にあわせて設定し直すことが必要でしたので、自分でアンケート用紙を作成して受講した学生に講義内容の評価をお願いしました。その結果、これらの講義に対する学生の要望や講義の問題点を把握することができ、以後の講義内容の改訂に非常に参考になりました。それ以来、毎年学生アンケートを実施して講義内容の改訂を行ってきましたが、学生の意見を聞く態度を示せば学生達は進んで協力してくれること、講義内容の改善に有益な情報が数多く得られることを経験しました。

農学部全体の授業評価は平成十二年度後期と十三年度前期に学部講義を対象に実施しましたが、アンケート用紙の作成はそれまで用いていたものを学務委員会で改訂して用いました。数値評価項目では五段階評価を採用し、評価結果の入力は外部に委託しました。集計した結果は、各教員に配布して以後の講義内容改訂の資料としていただきました。数値評価とともに、自由意見の記入を求めましたが、その入力を外部に委託するとかなりの予算が必要になりますので、各教員に入力していただくことにし、電子ファイルでの提出をお願いしました。しかし、協力していただいた教員の比率は高いものではありませんでした。これらの情報をとりまとめた報告書の作成を学務委員会で行いましたが、教育活動の重要性についての教員の認識は高いものではなく、いかにしてその認識を高めるかが今後の課題となっています。

ファカルティー・ディベロップメント（ＦＤ）は研究・教育内容の改善を目的とした教員の活動であり、全学レベルで実施されています。農学部では平成十三年十二月に学務委員会主催で第一回農学部ＦＤを行いました。このＦＤは、学生の授業評価結果を全教員に開示するために実施されたものであり、アメリカで学位を取得した教員によりアメリカの教育システムの紹介も行っていただきました。平成十四年十二月に実施した第二回ＦＤも学務委員会で準備し、言語文化研究院教員と農学部教員の意見交換を目的とした合同ＦＤとして、語学教育の問題点について議論しました。このＦＤでは、通常は言葉を交わす機会の少ない他研究院の教員と率直な意見を交わすことができた点は評価できましたが、四名の講師の情報提供に引き続いて実施した自由討論に一時間しか振り当てることができず、十分な議論を行えなかったことが残念でした。

転学部・転専攻・転入

九州大学内では転学部が可能であり、毎年ではありませんが転学部の実績があります。入学試験の成績が該当学年の入学者の最低点より上であること、転学部の学生の比率が定員の二％以下であることが転学部の要件です。入学試験の科目および総点が異なる場合、比例配分により総点の比較が行われますので、学部により難易度が異なることはないようです。転学部は通常一年次および二年次終了時に行われます。

大学院学生の転専攻も可能です。他大学からの修士課程入学者あるいは留学生が入学後に希望の研究分野と研究室の研究内容が一致しないことに気付き、他研究室への移籍を希望した場合は極力学生の希望に添う形で処理しています。教員の異動に伴い学生の移動が農学部内あるいは大学間で必要となる場合がありますが、このような場合は学務委員会で遅滞なく承認しています。しかし、大学院新入生の入学直後の転専攻については慎重に審議する必要があります。大学院受験にあたっては、受験生と希望先の指導教員との間で研究内容についての了解が成立しているべきです。入学後の安易な研究分野の変更は入学試験制度の根幹に関わることでもあり、慎重に対応せざるを得ません。また、他大学からの大学院入学者が初年度から休学する例も出てきていますので、指導教員は学生の受入れにあたっては志望者と十分な情報交換を行っておくことが重要です。

私の研究室では、受験希望者は電話や電子メイルで予約してもらい、受験生の希望を聴取するとともに研究室の実情をすべて伝えた上で受験許可を出すようにしています。希望研究室に定員以上の学生が受験し、定員以上の合格者が出た場合、総点の上位から合格判定が出ることになります。希望研究室に合格できなかった場合、第二希望の研究室の定員に空きがあればそこで採用されることができますが、空きがなければ合格点に達していても大学院に入学することができません。ここでいう定員は各専攻で決定している受入れ可能定員のことですが、このような悲劇を防ぐため受験希望者数が定員に達して以降は他研究室を受験するよう勧めています。

九州大学農学部への他大学からの転入も可能になっています。生物資源環境科学府においても、九州大学の他学府あるいは他大学のからの転入が可能です。転入に当たっては、他大学で取得した単位も六十単位を上限として認定することができます。

2 修学指導

学生掛

農学部および生物資源環境科学府の講義についてはシラバスを作成し、ネット上で公開しています。平成十四年度以降は印刷物の配布をとりやめ、学生掛で閲覧可能としています。授業料の減免や奨学金貸与などの情報提供および指導も学生掛で行っています。奨学金の貸与は学部でも行われますが、件数および金額としては大学院が中心になります。利子の支払いが免除

表６・４　農学部および生物資源環境科学府の休学者内訳（平成10〜15年度）

	疾病	経済的理由	留学	その他	合計
学部	11	113	3	0	127
修士	5	34	2	0	41
博士	1	15	2	2	20
合計	17	162	7	2	188

されているものと、利子の支払いが必要なもの（きぼう21プラン奨学金）があります。博士後期課程の学生はほぼ希望者全員が支給を受けています。修士課程は在籍者数が定員をはるかに越えていることもあり、在籍者の三割程度の支給枠しかありません。そこで、修士課程の入学試験では奨学金貸与順位も報告することになっています。以前は、農学部全体で英語の統一試験が実施されていましたので、英語の成績で奨学金貸与順位が全体で決定されました。現在は、部門ごとに入学試験を実施しているため、奨学金貸与枠を各部門に振分け、部門内の奨学金貸与順位に従い、貸与が決定されます。各部門においても、英語は共通の問題を解きますが、専門の試験では異なる科目を回答することがあるため、英語の成績に基づいて貸与順位を決定する方式が大勢を占めています。英語力の向上を図ってください。各部門への貸与枠の振分けは定員に基づいて決定されていましたが、現在は定員に在籍者数を加味して振分け数が決定されています。

　学生掛では修学上の相談も受けており、学生掛から学務委員長に連絡があり、相談を受けたケースもあります。表六・四は農学部および生物資源環境科学府における平成十年度から十五年度にわたる六年間の休学

表6・5　農学部および生物資源環境科学府の退学者内訳（平成10～14年度）

	学部	修士	博士	合計
疾病	1	0	0	1
経済的理由	5	8	8	21
就職	0	44	35	79
一身上の理由	18	16	16	50
他大学受験	13	1	0	4
他大学転学	0	2	2	4
大学院入学	1	1	0	2
その他	2	0	1	3
合計	40	72	62	174

者内訳を示しています。疾病による休学は学部および修士学生に多く、博士後期課程では希のように見えますが、これは在籍者数にほぼ比例しています。海外留学を理由とした休学は協定校以外の大学への留学を行う際に必要となるものですが、協定校との交換留学の場合には休学する必要はありません。この期間中に応用生物化学コースだけでも二名の学生が休学して海外留学を行っており、ここに示した海外留学を目的とした休学者数は必ずしも現実を反映していない可能性があります。最も多い理由は経済的理由ですが、この中に様々な理由が隠れているようです。学部学生がトラブルにまき込まれて退学したいとの相談を受け、休学に切り替えることにより状況を改善して無事卒業させた例がいくつかありますが、このような休学も経済的理由に含まれているようです。

表六・五に平成十～十四年度にわたる五年間の農学部および生物資源環境科学府の退学者内訳を示しましたが、ここでは多彩な退学理由が記載されています。「就職」を理

由とした退学は修士および博士後期課程でかなりの数を示していますが、これは学部あるいは修士課程を終える際に希望とする就職先が得られず大学院に進学した学生が就職したケースを含んでおり、歓迎すべき状況であると思われます。

「一身上の理由」による退学は学部、修士、博士後期課程の退学理由でかなりの割合を占めており、その中身について検討する必要があります。どのような理由で学生が退学に追い込まれているのかについて明らかにしてはじめてその対策が可能になります。「他大学受験」による退学は学部がほとんどであり、多くの場合は一年次における方向転換であるようです。低年次学生の単位取得状況を見ると、一年次から大学にほとんど出てくることがなく、全く単位を取得していない学生が毎年存在します。この中には入学後早い時点で他大学受験を決断し、受験勉強を行っている学生が含まれているものと思われます。他大学への転学が修士課程と博士後期課程で各二件ありますが、これは指導教員の異動に付随するものが含まれています。本学でも同様な理由で他大学からの転入を受入れています。大学院入学のため学部学生が一名退学していますが、受入れ先に関する記載が残っていないため、その実態については不明です。

コース・分野

学部学生の修学指導はコース長、分野長、指導教員により実施されています。コース・分野への配属後に学習内容や指導方針が学生の希望と一致しない場合があり、休学および退学に至るケースがあります。学部学生の転コースや転分野のシステムはありませんので、このような学生の修学指導については今後の検討が必要となっています。大学院受験先は基本的に学生が自由に選択することができますので、四年次に希望する研究分野の大学院に入学することが可能です。コース長および分野長には、希望しない分野に配属され、他の分野の大学院を希望している学生に対しても学生の希望に沿って支援していただきたいと思います。

希望しない分野に配属された場合でも、配属後に勉学の内容に興味を持ち、熱心に勉学に励む学生も少なくありません。これは、教員が講義などにおいていかに学問への興味をかきたてるかに依存しており、講義の質の向上は学生の学習意欲を高めるだけでなく、優秀な学生のコース、分野、研究室への配属につながることを認識していただきたいと思います。

専攻の変更

大学院学生の修学指導は部門長および指導教員により実施されています。大学院入学後に配属された研究室の研究内容が学生の希望と異なることが明らかになった場合、研究分野を変更することができます。研究室の研究内容と学生の希望が一致しなかった場合、休学あるいは退学に至ったケースがありますが、変更も可能であることを学生に周知させることが状況の改善に必要です。大学院重点化後、修士課程および博士後期課程への他大学からの入学者数が増加していますが、それに伴い他大学からの入学者が休学あるいは退学する事例が見られるようになりました。これは、大学院受験先をインターネットなどの情報に基づいて決定することが多くなり、受験する研究分野の指導教員との情報交換が不十分であった場合に起こりやすいようです。募集要項には一次希望だけでなく二次希望の研究分野の指導教員との接触も必要性であることを記載していますが、全く接触なしに受験することもあるようです。受け入れ側の指導教員も受験生に対して十分に情報提供を行うべきです。受け入れ研究室の研究内容、指導方針との食い違いを入学後に知ることは学生の将来を誤らせることになります。

3 就職指導

学生掛で学部および大学院生を対象に、就職資料の開示を実施していますが、実際の就職指導はコース、分野、専攻などで行われています。

コース・分野

学部学生の就職指導は四年次の学生が所属する分野で実施している場合が多いようです。各分野の分野長もしくは就職担当教員が該当する学年の就職指導を行っています。近年、就職活動が三年後期から開始される状況となっており、四年次から研究室配属が開始される分野では分野長もしくは就職担当教員の指導が重要となっています。三年次後期あるいは四年次の開始時期に研究室配属が行われますが、それ以降は研究分野の指導教員の役割が重要となってきます。

食糧化学工学分野では就職担当教員が主として就職指導を行い、各研究室の指導教員がそれに協力する形を取っています。現在の就職試験は学生個人の資質評価を中心に実施されており、指導教員の推薦状を求めない場合が多くなっています。しかしながら、理系分野においては教員による就職情報の収集、学生指導、就職支援が有効な場合も少なくないので、教員との情報交換を怠らないようにすることが重要です。

就職活動を有利に進めるためには、できる限り早く希望の職種、業界、会社などを決定すべきです。学部学生の募集は早い場合には三年次後期から開始されるので、就職希望か大学院志望かの判断、就職希望であればどのような企業をめざすのかをよく考えておく必要があります。学生の就職支援を行う場合、学生の希望が決定していなければ手の打ちようがありません。就職活動においてその成否を左右するのは面接試験です。九州大学に合格できた学生が常識テストで十分な成績が得られないというのは明らかな勉強不足であり、簡単に手直しできるものではありません。面接練習は、面接の基礎について教え、本番での「あがり」を防止することができるので、食糧化学工学分野では毎年面接練習を行っています。

しかしながら、合否は面接内容に強く依存しており、学生の個性、考え方、社会的知識の有無が大きく影響します。三年次の前期に担当する「食糧化学」の講義では、社会に目を開かせるために、新聞記事などから食品関連の記事を要約させるレポートを提出させていますが、思考力および表現力の鍛錬を目的として、要約および自分の意見をそれぞれ四〇〇字以内の字数制限を設けて提出させています。全員のレポートをレポート集にまとめて配布することを予告していますので、レポートは電子メイルで提出してもらっていますが、同級生の目に触れることが解っているので、手抜きレポートはほとんどありません。また、人前で発言することに対する抵抗感をなくすため、講義中の質問を奨励していますが、講義中の質問は少なく、講義終了後や昼休みに来室する場合がほとんどです。そこで、三年次の後期に開講する「食糧製造化学」では教科書の一部を各学生に割当て、学生が講義を行い、質問を受ける形式の学生参加型講義を行っています。質問数が評価項目の一つとなっているので、全員の講義が終了するまでには各人一回は質問できるようになります。

これらの講義を通じて学生達の自主的な活動のきっかけをつくることはできますが、これらの知識を定着させるのは継続的な学生の努力であり、問題意識の有無にかかっています。最近はインターネットなどの電子メディアが重要視されていますが、情報の質に関しては多々問題があり、誤った情報や不完全な情報が掲載されている場合が多く見られます。電子メディアは速報性には優れていますが、より正確な情報を取得するためには活字メディアが優れており、学生には新聞・雑誌の購読や読書による情報獲得を勧めています。また、表現力の強化を目的として、毎日書く必要はないが、日記などの記録をつけるよう勧めています。

専攻

大学院学生の就職指導は主として専攻で実施されます。教員は研究院に属し、大学院生は学府に属していますが、農学研究院では研究院と学府の組織が一致しており、部門長が専攻長を兼ねています。就職情報は部門長を経由して部門事務室から学生に伝達されますが、応用生物科学専攻では学部組織に属する分野長が修士の就職指導も行っています。修士の学生については、研究分野の指導教員に学生の推薦依頼が行われる場合があり、指導教員の役割がより大きなものとなっています。博士後期課程修了者の就職は研究分野指導教員の役割がさらに大きいものとなり、ほとんどの場合研究室の指導教員の推薦を受けて応募します。

大学院学生の募集は学部学生より早く開始されることが多く、われわれの関連業界では製薬業界が最も早く、修士一年の十月頃から募集が開始され、年が明けるころから化学系企業の募集が行われ、食品系は比較的遅い時期に募集が開始されます。修士学生については、特定の研究室に研究分野を指定して求人が行われることがあります。このような求人では特殊技能が求められているため、研究室から推薦された学生が採用される確率が高くなります。食糧化学工学分野では、このような場合でも就職担当教員に求人情報を伝え、当該学生の推薦許可をもらって推薦することにしています。

博士課程修了者の就職は近年困難の度合を増しています。一九九六年度修了者までは就職希望者のほとんどが大学、公的研究所、企業などで正規のポストを得ることができましたが、それ以降は任期付きのポストドクトラルフェロー（ＰＤ）としての採用者が増加しています。一九九八年には就職を希望する博士号取得者三十九名中、国公私立大学への就職者が三名、公立研究試験機関への就職者が五名、企業への就職者が三名、その他（ＰＤを含む）が二十八名という結果になりました。一九九九年度は大学での採用数が増加し、二〇〇〇年度では博士号取得者四十六名中、二十八名が国公私立大学に採用されましたが、その他も五名が報告されています。この大学での採用者数の増加は、大学間の競争が激化し、大学院の設立が相次いでいる状況を反映しているものと思われますが、今後も引き続いて募集が行われる保証はありません。

大学院重点化により新たに博士号を取得する学生数が増加している状況においては、教員、研究員、ＰＤの採用における競争が激しく、採用に至るには十分な業績が必要となっています。

私の研究室では、博士号取得をめざす学生に対して単に学位を取得することを目的とするのではなく、学位取得後に希望の職を得られるように高いレベルの研究を行い、論文作成を通じて確実に業績を上げることを推奨しています。幸いなことに、これまで学位取得後給料を得ることができない学生は現れていませんが、いつまでもこのような幸運が続くとはかぎりません。少子化の流れのなかで、大学教員のポストが増加することは考えられず、企業や公的研究機関における需要が増加することも期待薄です。このような状況下では学位取得者を雇用するための新しい職種を創設する必要があります。

その試みの一つとして地場企業にＰＤを採用してもらいましたが、それによって地場企業は最先端の研究能力を有する研究員を雇用して自力では実施不能の研究を行うことができました。また、この研究員は九州大学に受託研究員として派遣され、私の助手代わりの仕事を行ってくれたため、研究室運営にも大きな助けとなりました。九州地区には研究開発能力を有する企業が少ないため、九州大学で高度な教育を受けた学生の多くは中央の大企業で活躍し、地方の活性化に寄与することはほとんどない状況が続いてきました。博士号取得者の供給が過剰になりつつある現在、高度技術者の地場での活用を行うべきであり、大学、行政、地場企業などでのＰＤや正規職員としての受入れ体制の充実が望まれます。

山田耕路（やまだ・こうじ）

九州大学大学院農学研究院生物機能科学部門生物機能化学講座食糧化学研究室教授。

1951年6月7日生。1970年3月，熊本県立熊本高等学校卒業，同年4月，九州大学農学部入学。

1974年3月，九州大学農学部食糧化学工学科卒業（食糧化学研究室），1976年3月，九州大学農学研究科食糧化学工学専攻修士課程修了，1979年3月，九州大学農学研究科食糧化学工学専攻博士後期課程修了・農学博士号取得。

1979年11月，アメリカ国立環境健康研究所ポスト・ドクトラル・フェローとして渡米.1982年3月，九州大学医学部癌研究施設助手に採用（同年4月，生体防御医学研究所に改組），1985年4月，九州大学農学部食糧化学工学科助手に配置転換，1989年10月，同上助教授昇任，1997年4月，同上教授昇任，現在に至る。

この間，1997年4月から翌年3月まで総長補佐，2000年4月から2004年3月まで農学部学務委員長（全学教務委員），2001年4月から硬式野球部長（九州六大学野球連盟理事），2004年4月から総長特別補佐（大学改革担当）。

大学《だいがく》でどう学《まな》ぶのか

■

2005年8月28日　第1刷発行

■

著者　山田耕路

発行者　西　俊明

発行所　有限会社海鳥社

〒810-0074 福岡市中央区大手門3丁目6番13号

電話092(771)0132　FAX092(771)2546

http://www.kaichosha-f.co.jp

印刷・製本　有限会社九州コンピュータ印刷

ISBN4-87415-541-3

[定価は表紙カバーに表示]

海鳥社の本

蕨《わらび》の家　上野英信と晴子　　上野　朱

炭鉱労働者の自立と解放を願い筑豊文庫を創立し，炭鉱の記録者として廃鉱集落に自らを埋めた上野英信と妻・晴子。その日々の暮らしを共に生きた息子のまなざし。

46 判／210 頁／上製／2 刷　　1700円

キジバトの記　　上野晴子

記録作家・上野英信とともに「筑豊文庫」の車輪の一方として生きた上野晴子。夫・英信との激しく深い愛情に満ちた暮らし。上野文学誕生の秘密に迫り，「筑豊文庫」30年の照る日・曇る日を死の直前まで綴る。

46判／200頁／並製／2 刷　　1500円

大学とはなにか　九州大学に学ぶ人々へ　　新谷恭明　折田悦郎　編

大学の成立を歴史的に検証し，今日の大学がかかえる様々な問題，地域社会との関わり，国際化・情報化への対応などを論じ，大学・大学生の在り方を問う。すべての大学生，これから大学を目指す人たちへ——。

A 5 判／258 頁／並製　　1800円

はじめての現象学　　竹田青嗣

誰にでも理解・実践できる形で現象学を説き，人間の可能性を探求する思想として編み直す。さらには独自の欲望 - エロス論へ向けて大胆な展開を示した待望の著作。

46 判／294 頁／並製／7 刷　　1700円

他者と死者　ラカンによるレヴィナス　　内田　樹

現代思想·哲学において近年ますます重要度を高めるE．レヴィナスの思想。その核心である「他者」論を，同じく難解で知られるJ．ラカンの精神分析の思想と突き合わせつつ読み解く刺激的な試み。著者，待望の書き下ろし。46 判／282 頁／上製／3 刷　　2500円

価格は税別